LA
Démocratie triomphante

OU

CINQUANTE ANS DE L'HISTOIRE DES ÉTATS-UNIS

Par ANDREW CARNEGIE

Traduit de l'anglais par Arthur MAILLET

PARIS

ERNEST FLAMMARION ÉDITEUR

26, RUE RACINE, 26

La Démocratie triomphante

LES IDÉES DE M. ANDREW CARNEGIE

LA
Démocratie triomphante

OU

CINQUANTE ANS DE L'HISTOIRE DES ÉTATS-UNIS

Par Andrew CARNEGIE

Traduit de l'anglais par Arthur MAILLET

PARIS

ERNEST FLAMMARION, ÉDITEUR

26, RUE RACINE, 26

A la

RÉPUBLIQUE BIEN AIMÉE

sous les lois de laquelle je suis l'égal de tout autre homme, alors que la liberté politique m'est refusée par mon pays natal,

JE DÉDIE CE LIVRE

avec une intensité de reconnaissance et une admiration que ses citoyens de naissance ne peuvent ni ressentir, ni comprendre.

PRÉFACE [1]

Ce livre date de vingt ans, près d'un quart de siècle ! Il n'en est pas moins le plus intéressant et le plus captivant de tous ceux qui, depuis cette date, ont été écrits sur l'Amérique. Et Dieu sait s'ils sont nombreux ! C'est qu'il prend l'Amérique à une période négligée par les autres écrivains, celle des débuts. M. Carnegie décrit cinquante ans de la vie américaine, de 1830 à 1880. Il a recherché dans les livres

---

[1] *Triumphant Democracy* est le dernier des trois volumes publiés sous le titre : *Les Idées de M. Carnegie.* Les deux autres sont, par ordre de date, l'*Empire des Affaires,* et l'*A B C de l'Argent.* Ce dernier volume contient l'*Evangile de la Richesse,* qui eut un si grand retentissement en Amérique et en Angleterre.

de ceux qui visitèrent l'Amérique, bien avant cette époque, des descriptions qu'il oppose aux descriptions de l'Amérique telle qu'il la connaît. Cette comparaison permet au lecteur, mieux encore que les chiffres, qui d'ailleurs abondent dans ce livre, de comprendre le prodigieux développement de ce pays. M. Carnegie ne ménage pas non plus les comparaisons avec les nations étrangères. Pauvre vieille Europe, comme la jeune Amérique te traite !

M. Carnegie a une large dose de ce patriotisme américain qui faisait écrire à de Tocqueville : « On ne saurait imaginer de patriotisme plus inconcevable et plus bavard. Il fatigue ceux mêmes qui l'honorent. » Déjà à cette époque, en 1830, tout ce que produit l'Amérique était « the best in the World. »

M. Carnegie, à la fin de chacun de ses chapitres entonne un couplet enthousiaste, en faveur de la *Démocratie triomphante*. Sans doute, il indique, comme il convient, les conditions si particulièrement favorables, dans lesquelles se trouve l'Amérique, ses immenses ressources naturelles, l'afflux continuel d'émigrants et bien d'autres avantages encore, mais, à l'en croire, tous ces avantages seraient frappés de stérilité, s'ils n'étaient l'apanage d'une démocratie.

Cette thèse n'est pas nouvelle. Elle a été soutenue par de Tocqueville dans sa *Démocratie en Amérique*. L'écrivain français et le maître de forges américain, si différents comme origine, culture et tempérament, sont d'accord sur la plupart des points qu'ils envisagent, avec cette différence pourtant que le premier fait maintes réserves pour l'avenir.

Je me hâte de dire, pour ceux qui l'ignorent encore, que le mot démocratie appliqué à l'Amérique n'a nullement le sens que nous lui donnons en France. Rien de plus différents que la constitution et les mœurs sociales ou politiques des deux pays. Nul pays au monde n'est plus centralisé que la France, nul ne l'est moins que l'Amérique. Nous avons la liberté de choisir nos maîtres, mais notre liberté s'arrête là. De plus en plus, nous inclinons vers le socialisme d'État et le collectivisme qui sont la négation même de la liberté. Notre démocratie n'est que de la servitude volontaire.

En Amérique, la liberté n'est pas un vain mot. Chaque commune jouit du *Home Rule*, le plus complet. Les habitants règlent leurs affaires municipales, comme ils l'entendent, sans que nulle autorité supérieure intervienne et se soucie d'intervenir. Ils nomment même leurs fonctionnaires.

De même, le Comté est une réunion de communes indépendantes, et l'État une réunion de Comtés indépendants. Chaque État possède ses Chambres qui légifèrent souverainement sur tout ce qui ne dépasse pas son territoire, et il élit un gouverneur. Les autorités fédérales ne s'occupent que des questions intéressant, au même titre, tous les États, et la sécurité de l'Union : relations extérieures, guerre, monnaie, douanes, etc.

Qu'une telle organisation existe et fonctionne, cela ne saurait, à coup sûr, entrer dans la tête des Français qui se croient libres, sous un système de centralisation créé, de toutes pièces, par Napoléon Ier, le plus absolu et le plus exigeant des despotes.

Depuis que M. Carnegie a écrit son livre, de grands changements se sont produits en Amérique. S'il l'écrivait aujourd'hui, sa confiance dans les vertus de la *Démocratie triomphante* et la sagesse de ses compatriotes serait moins grande. Combien de ses assertions ont été contredites par des faits !

L'Amérique continue à ne pas vouloir que les autres s'occupent de ses affaires, mais elle s'occupe de celles des autres, de façon très active. Elle conserve ses lois et ses principes, mais elle les interprète au gré de ses intérêts. Elle déborde de toutes parts hors de ses frontières. Elle est entrée dans une phase d'expansion et d'impérialisme qui la conduira tout droit au militarisme, cette *plaie des monarchies*, affirme M. Carnegie. Déjà, son budget de la guerre s'élève à 415 millions de francs, et celui de la marine à 485 millions. Et ces budgets vont grossir d'année en année. L'Amérique a aujourd'hui de trop nombreux points de contact avec les peuples de l'Europe, pour ne pas prendre ses précautions contre toutes les éventualités.

Que de conflits en perspective, et comme le moment est bien choisi pour parler de paix internationale et de désarmement !

Cette entrée des Etats-Unis dans la politique universelle a surpris les Français. Beaucoup ne la voient pas encore. Quant au Japon, il a fait une entrée si sensationnelle, que nul ne saurait plus l'ignorer.

Voilà deux éléments nouveaux qui vont singulièrement troubler la quiétude de l'Europe. Une nouvelle phase de l'Histoire du monde commence. Il est nécessaire que l'opinion publique soit bien fixée là-dessus, et aussi sur les données du problème qui se pose devant chaque nation.

Voilà pourquoi tout livre qui nous entretient des autres peuples, surtout de l'Amérique, doit être le bienvenu — et pourquoi je n'ai pas hésité à traduire *Triumphant Democracy*, qui nous montre, en voie de formation, cette formidable puissance avec laquelle nous aurons peut-être un jour à soutenir d'autres luttes que des luttes commerciales ou industrielles.

J'aurais eu bien des remarques à faire, au sujet des assertions de M. Carnegie, quelques réfutations à lui opposer. Je préfère laisser ce soin facile au lecteur.

Je me suis borné à donner en *Appendice*, quelques tableaux empruntés au dernier *census*;

ils permettront de montrer les progrès faits par l'Amérique depuis le *census* de 1880, auquel M. Carnegie avait emprunté ses chiffres.

Je dois m'excuser près de M. Carnegie d'avoir supprimé trois ou quatre chapitres de son livre et d'en avoir abrégé quelques autres. Ces mutilations étaient indispensables. La traduction complète et littérale de *Triumphant Democracy* eût demandé deux volumes comme celui-ci. Ceux qui n'auraient pas reculé devant la dépense n'eûssent pas trouvé plus d'idées et de faits dans les deux volumes que dans un. M. Carnegie est si plein de son sujet qu'il se livre volontiers à des répétitions.

A. M.

La Démocratie Triomphante

LA CONSTELLATION FÉDÉRALE

Autant que j'en puis juger, la Constitution améri-
caine est l'œuvre la plus étonnante qui soit jamais
sortie du cerveau humain.

GLADSTONE.

« Nous considérons, comme une *self evident*
vérité, que tous les hommes sont nés libres et
égaux, qu'ils ont reçu de leur créateur certains
droits inaliénables, parmi lesquels se trouve le
droit à l'existence, à la liberté et à la recherche
du bonheur. » C'est autour de cette doctrine
de la Déclaration de l'Indépendance, comme
autour de son soleil central, que la constellation des Etats évolue. L'égalité des citoyens
est décrétée par la loi fondamentale. Tous les

I

actes, toutes les institutions sont basés sur cette idée. Il n'existe pas un lambeau de privilège, partant pas de classes. Le peuple américain forme une unité. Un différence de situation dans l'Etat, provenant de la naissance, serait considérée, par tout citoyen, comme une insulte.

Gouvernement du peuple, pour le peuple et par le peuple, tel est le *Credo* américain. Le vote d'un Emerson ou d'un Lincoln n'a pas plus de poids que celui d'un pauvre nègre.

Le président ne jouit pas d'un seul privilège dont tout autre citoyen ne jouisse par droit de naissance. Le nivellement ne s'opère pas en abaissant les gens, mais en les élevant tous à la dignité d'*equal citizenship*, qui est la plus haute à laquelle un homme puisse prétendre.

La première voix du peuple n'est pas toujours la voix de Dieu. Certes, parfois, elle en semble bien éloignée, mais sa seconde voix — son second mouvement — s'en rapproche plus que celle de n'importe quelle classe, même de la classe la plus instruite qui ait jamais existé sous le soleil. Dans toute l'Amérique, aucune voix ne possède la plus faible autorité, quand le scrutin parle.

On a souvent prétendu que cette théorie

républicaine de l'Etat engendrait une morne uniformité. Le voyageur qui s'est mêlé à la vie américaine, sait qu'il n'en est rien, et que nulle part au monde, la société n'est plus exclusive et plus variée qu'aux Etats-Unis. A coup sûr, l'uniformité y est moins grande qu'en Angleterre. Dans les pays monarchiques, la naissance et le rang ont le pas sur les qualités personnelles; la société républicaine est basée sur le caractère des hommes et sur leurs qualités. La « sélection naturelle » a ainsi un jeu plus libre. Des personnes qui sympathisent se réunissent, sans s'inquiéter de leur naissance ou de leur rang. La richesse elle-même est loin d'avoir une aussi grande influence sociale, en Amérique qu'en Angleterre. Cela tient à la nature des choses. En Amérique, la richesse est plus facilement acquise, et surtout plus aisément perdue. Les lois d'acquisition de la fortune fonctionnent aussi librement dans la République que dans la Monarchie, mais, dans la République, les lois de dispersion fonctionnent, elles aussi, avec une liberté entière. Le droit d'aînesse, la substitution, y sont inconnus ; le transfert de la terre y est facile. Dans de telles conditions, une aristocratie de richesse est impossible. L'*Almighty dollar* est exactement, comme ce porc remuant que Paddy ne pouvait compter, parce qu'il ne voulait pas rester assez longtemps à la même place. La richesse ne peut demeurer, de façon permanente, dans la même classe, si les lois économiques ont leur libre jeu.

La constellation fédérale est composée de trente-huit étoiles, qui sont les Etats, et de neuf nébuleuses, qui sont les territoires. Ces derniers se solidifient rapidement. La voie lactée qui figure sur le drapeau national s'est augmentée, dans ce siècle, de vingt-cinq étoiles, — et ce n'est pas fini. Durant chaque décade, de nouvelles étoiles apparaissent, et, avant peu, le groupe entier des nébuleuses sera ajouté à la constellation fédérale.

Une question se pose : « Comment est-il possible de gouverner, comme un tout, non cette nation, mais ce grand continent de nations. » Cela n'est possible que par le *federal* ou *home rule system*. Chacun de ces trente-huit Etats est souverain, dans ses frontières. Chacun d'eux possède sa propre constitution, son propre Parlement qui se compose d'une Chambre et d'un Sénat, son propre Président, ses tribunaux, ses juges et sa milice, etc. Il jouit de tous les droits d'un Etat souverain, à l'exception de ceux qu'il a entièrement délégués, d'accord avec les autres Etats, à l'autorité centrale, c'est-à-dire au gouvernement national qui siège à Washington.

Une stipulation garantit la solidité de ce système. Si une contestation vient à s'élever entre un Etat et le gouvernement central, pour savoir quels pouvoirs lui sont ou ne lui sont pas délégués, la décision de la *Supreme Court* de la nation est définitive. On se base sur cette théorie que toutes les affaires intérieures doivent être réglées par les Etats et toutes les affaires extérieures, par la nation. Cette division est facile à établir et à observer. La Constitution détermine, en quelques clauses, ce qui appartient au gouvernement national. Tout pouvoir qu'elle ne délègue pas expressément à la nation reste aux Etats, et ceux-ci l'exercent comme ils l'entendent.

La *Supreme Court* est toujours prête à renseigner les Etats ou la nation sur leurs pouvoirs respectifs. Si l'on excepte la prétention des propriétaires d'esclaves, qu'un Etat avait le droit de se séparer de l'Union, aucun différend sérieux ne s'est jamais élevé entre les Etats et la nation. Il est difficile de voir comment il pourrait s'en élever un second, puisque celui-là a été résolu par la négative. L'intégrité de la nation étant assurée, toutes les autres questions sont de peu d'importance et d'un règlement facile, pour la *Supreme Court*, qui a proclamé que la nation était « une nation indestructible d'Etats indestructibles ».

Les différences qui existent entre les lois des divers Etats, et qui sont la conséquence du complet *home rule* dont ils jouissent, pour leurs affaires intérieures, sont la meilleure preuve que ce système assure à chaque communauté les lois qui lui conviennent le mieux. Emanant du peuple lui-même, elles sont, par cela même, assurées de recevoir de lui un appui sympathique et durable. Le nombre et le degré des différences entre les lois des divers Etats sont surprenants. Les coutumes et habitudes du vieil Etat de Massachussetts, froid et cultivé, ont produit des lois qui ne sauraient convenir au Texas, Etat nouveau, tropical et agricole. De même les lois d'Angleterre conviendraient moins bien à l'Ecosse et à l'Irlande que celles qui ont été faites par ces pays et qu'elles auraient mieux faites encore, si elles avaient joui du *home rule*.

Chacune de ces étoiles, — les Etats d'Amérique, — tourne sur son axe, dans son propre orbite, suivant les lois qui lui sont propres, les unes plus vite, les autres plus lentement, mais toutes décrivent, autour du soleil central de Washington, leur grand orbite national, dans des conditions identiques, et elles constituent les parties d'un grand tout. Tel est le *home rule*, dans son plus grand, son plus complet et plus parfait développement. Le succès de l'Union américaine, est la preuve que, plus le *self-government* des parties est complet, plus le gouvernement du tout est fort.

Examinons, dans l'ordre de leur importance, les diverses branches du gouvernement national. Bien entendu, nous commençons par la

Supreme Court of the Nation

Cet arbitre suprême, qui n'a d'autre juge que lui-même, est placé au-dessus de la Chambre, du Sénat et du Président. Plus d'une fois, lord Salisbury a déclaré qu'il enviait à ses frères transatlantiques, leur *Supreme Court*. Parlant à Edinbourg, le 23 novembre 1882, il dit : « Il ne m'arrive pas souvent d'envier les États-Unis, mais je porte la plus grande envie à une de leurs institutions, à leur magnifique *Supreme Court*. Aux États-Unis, quand le Parlement vote une mesure inconstitutionnelle, elle est annulée immédiatement par ce tribunal, et cela donne aux institutions du pays une stabilité qui ne peut exister chez nous ». Lord Salisbury a raison. A mesure que sa connaissance des résultats des institutions politiques basées sur l'égalité du citoyen s'étendra, il découvrira des raisons d'envier beaucoup d'autres institutions américaines. A première vue, les pouvoirs de la *Supreme Court* semblent trop grands, pour être confiés à une petite assemblée d'hommes, quelle que soit sa valeur. Mais on ne doit pas oublier que les pouvoirs de cette assemblée sont limités par le fait qu'elle ne peut ni faire les lois, ni les exécuter, ni créer quoi que ce soit. Elle ne se prononce, que sur les contestations relatives aux lois existantes, quand elles lui sont soumises, dans des conditions prévues, et, ses jugements sont toujours strictement limités aux points litigieux. Elle ne peut intervenir, à l'avance, ni à propos d'un acte du gouvernement, ni à propos d'un ordre du Président. Elle peut uniquement déclarer si ces actes ou ces ordres sont constitutionnels; les considérants de sa décision doivent être rendus publics. Dans ces limites, sa décision est sans appel. Tous les actes du Congrès ou du Président, aussi longtemps qu'ils ne sont pas déclarés inconstitutionnels, sont valables.

Comme il est facile de le deviner, il suffit que les corps législatifs sachent que leurs actes seront soumis à la décision de la *Supreme Court,* pour qu'ils ne sortent pas des limites

constitutionnelles. A quoi bon, même si l'on
en a l'envie, faire des lois, quand on a la certitude qu'elles seront annulées ? Le pouvoir régu-
lateur de la *Cour Suprême*, pour les grandes
questions, n'est, dans la pratique, jamais
réclamé. Il existe; tout est là. Les questions
ayant trait aux relations entre États qu'elle est
appelée à régler sont peu nombreuses et de peu
d'importance. Mais, comme toutes les causes
qui touchent à des intérêts considérables, entre
des citoyens d'Etats différents, lui sont soumises, elle est continuellement fort occupée par
des affaires d'une importance très grande, au
point de vue pécuniaire, mais nulle, au point
de vue politique.

La *Court* se compose de neuf juges, nommés à vie, mais qui peuvent être mis en accu-
sation par le Congrès, pour faits répréhensibles,
ou destitués, pour incapacité. Les nominations
sont faites par le Président de la République,
et soumises à la ratification du Sénat. Aucune
nomination n'est définitive, sans cette ratification. Le traitement des juges est de $ 10.000
par an : le *Chief Justice* reçoit $ 500 de plus.
Les juges peuvent se retirer à soixante-dix ans,
avec solde entière, jusqu'à leur mort. J'entends
mes amis monarchistes s'écrier : « Quelle mai-
gre pitance ! » Peut-être, mais existe-t-il dans

n'importe quel autre pays un tribunal plus respecté que cette *Supreme Court* ? Trouverait-on ailleurs des juges plus capables, plus intègres ? Assurément, non. Lord Salisbury lui-même regrette que l'Angleterre ne possède pas un pareil tribunal. Quand je vois la dignité tranquille des juges de la *Supreme Court*, à Washington, leur vie simple, sans ostentation vulgaire, leurs intérieurs modestes mais raffinés, quand je pense combien leurs aspirations sont au-dessus des considérations d'argent, je ne peux m'empêcher de penser qu'il serait bien dommage que leurs appointements devinssent jamais assez considérables, pour constituer une tentation, comme en Angleterre. Le juge américain de la *Supreme Court* n'a pas de *compeer*. La pompe et la parade qui accompagnent la prise de fonctions d'un juge en Angleterre, les sordides avantages pécuniaires que lui vaut sa nomination, sa voiture dorée et tout le clinquant des temps féodaux conservé, sous le prétexte qu'il ajoute à sa dignité, mais qui, à notre époque plus affinée, confine au ridicule, ne sauraient convenir au juge républicain. La dignité inhérente à sa grande situation en souffrirait.

La *Supreme Court* siège à Washington, mais chacun des juges, pendant une partie de l'année, visite un des neuf *circuits* du pays et assiste les *circuits judges*. Les *circuits* sont, à leur tour divisés en *districts*, dont chacun possède son propre tribunal et ses juges. Les nominations de tous les juges de ces tribunaux nationaux sont faites par le président de la République et ratifiées par le Sénat. Ils sont nommés à vie. Le tout, forme l'appareil judiciaire national auquel chaque citoyen a le droit de s'adresser, pour toute affaire concernant les citoyens ou les Sociétés d'un autre Etat.

Legislative Department

Il se compose de deux Chambres, une Chambre des représentants, et un Sénat, qui se réunissent à Washington, deux fois par an, à des dates fixées, mars et décembre. Chaque Etat envoie des membres en proportion rigoureuse du chiffre de ses habitants établi par chaque *census* décennal. Le nombre des membres n'est pas augmenté de façon régulière. On élève le nombre des habitants exigé pour l'élection d'un représentant. En 1880, il fallait cent trente-huit mille habitants, pour élire un représentant ; en 1870, il en fallait cent cinquante-quatre mille. Après chaque *census*, on divise la population par le nombre des représentants et on établit ainsi le nombre d'habitants nécessaire pour élire un représentant. On informe alors chaque Etat du nombre de représentants auquel il a droit, et, il arrange ses districts électoraux en conséquence. De la sorte, tous les dix ans, les pouvoirs électoraux sont répartis également, et, par suite, équitablement, à la satisfaction de tous. Grâce à ce moyen automatique si simple, la question de la représentation est retirée du terrain de la politique. Les représentants sont nommés pour deux ans. Leurs pouvoirs cessent, avec chaque congrès, le 4 mars, tous les deux ans. Comme les représentants sont toujours rééligibles, et que les électeurs ont l'habitude de réélire ceux qui se sont montrés à hauteur de leur tâche, chaque nouvelle Chambre se trouve dirigée par des législateurs expérimentés. Les représentants reçoivent $ 5.000 par an, plus leur frais de voyage.

Le *power of the purse* est gardé aussi jalousement par la Chambre de Washington que par celle de Londres. L'initiative de tous les « money bills » lui appartient, de par la Constitution. Les deux Chambres, si elles sont pareilles sur ce point, offrent au visiteur un aspect entièrement différent. Au lieu des bancs si peu confortables de Westminster et de l'absence de toutes commodités, pour lire ou écrire, les députés américains ont de bons fauteuils, avec chacun un pupitre devant soi, comme des enfants sages à l'école. Des huissiers sont à leurs ordres. Un vote est effectué en quelques minutes, sans trouble. Un employé appelle les noms par ordre alphabétique, et, chaque membre fait de la tête, un signe affirmatif ou négatif, ou encore dit « oui » ou « non ». On enregistre les réponses, on annonce le résultat, et, on passe à autre chose. Quoi de plus simple ! Il est rare que l'on fasse de l'obstruction. Quand un orateur a épuisé la patience de la Chambre, on le rappelle à l'ordre, et, à moins que la majorité ne décide le contraire, la parole lui est retirée. Jamais aucun parti ne s'est plaint de ce règlement. Il n'a jamais nui à une discussion, et il a permis à la Chambre de faire sa besogne convenablement.

J'ai maintenant à parler d'une institution qui mérite — et reçoit — une approbation unanime. Je n'ai jamais entendu un tory anglais prononcer un mot de dénigrement contre elle. Et comment pourrait-on ne pas adresser des louanges au Sénat des Etats-Unis ?

United States Senate

L'homme qui porte le titre de sénateur peut, certes, en tirer quelque orgueil. A cet auguste corps, chaque État fournit deux membres, pour une durée de six ans. Il sont élus par les *législatures* des États, et, par suite, ils reflètent l'opinion populaire. Les sénateurs, bien entendu, adhèrent à l'un ou l'autre parti politique qui est le maître dans les divers États. Un tiers seulement des sénateurs, à l'exception des réélus, se retirant, tous les deux ans, le Sénat suit plus lentement que la Chambre, les changements de l'opinion publique.

Le Sénat a des pouvoirs étendus ; toutes les lois doivent passer devant lui, comme devant la Chambre. Aucun traité avec une puissance étrangère n'est valable, s'il n'est soutenu par les deux tiers des voix. Tous les ambassadeurs et agents près des pouvoirs étrangers doivent être approuvés par lui. On a mené grand tapage autour des pouvoirs du Président de la République, mais, il ne peut nommer un directeur des postes, sans l'approbation de cet auguste tribunal. Plus d'un écrivain politique a déclaré que le Sénat américain était la *seconde Chambre* idéale du monde entier. Certains affirment qu'elle est la seule qui possède un pouvoir réel. Passer de la Chambre au Sénat c'est pour un Américain, un grand honneur. La nation est fière de son Sénat. Le traitement d'un sénateur est le même que celui d'un représentant, soit 5.000 dollars par an, plus les frais de voyage.

Avant qu'il soit longtemps, Lord Salisbury enviera cette institution américaine, tout comme il envie la *Supreme Court*, car sa seconde Chambre montre des traces bien évidentes de décrépitude. Avec le temps, Lord Salisbury sera peut-être amené à considérer lui aussi, qu'un président élu est préférable à un chef héréditaire. Ne désespérons pas, après un si beau début, à l'égard de la *Supreme Court*, de le voir admettre la complète égalité politique des citoyens.

Voici certes une heureuse coïncidence : depuis que les mots ci-dessus sont écrits, un membre du Parlement me confirme cette prophétie. *My lord Salisbury*, cet admirateur des institutions américaines, dans un récent discours, s'est exprimé ainsi : « Les Américains, comme vous le savez, ont un Sénat. Je voudrais que nous puissions en avoir un semblable dans ce pays. Sa puissance et son efficacité sont merveilleuses ! »

Rien de plus facile, *my lord*, que d'avoir

une *copie* du Sénat américain. Le secret de sa force merveilleuse et de ses résultats est à portée de tous. Vous le connaissez bien. Le Sénat émane du peuple et repose sur le peuple. On n'y trouve nulle trace du *poison de l'hérédité* qui détruirait sa force. Dans une assemblée élective de ce genre, un homme de valeur réelle, comme Lord Salisbury, aurait une puissance double de celle qu'il a en Angleterre.

L'approbation de la *Supreme Court* et du Sénat, par Lord Salisbury, m'encourage à aller plus loin, et à lui conseiller de devenir partisan d'un Parlement composé de membres convenablement payés, élus pour deux ans par des districts électoraux égaux. Aussi longtemps que ce Parlement n'existera pas, le gouvernement de l'Angleterre sera exposé à tout accès d'émotion populaire et dans les périodes troublées, n'exercera aucune influence. Un ministre anglais ne gouverne pas, mais s'incline devant les clameurs qu'il devrait combattre.

Guerre et traités

Le pouvoir exécutif, dans la Vieille et la Nouvelle-Angleterre, diffère sous deux rapports vitaux. En Amérique, un traité avec une puissance étrangère pour être valable, doit être ratifié par le Sénat. Nous avons vu que la nomination d'un ministre près d'une puissance étrangère, est également soumise à son approbation. Cette intervention du Sénat a plusieurs fois empêché l'administration de commettre des maladresses. Le général Grant lui-même, et son cabinet ne s'étaient-ils pas compromis, pour l'acquisition de Saint-Domingue ? La dernière administration fut récemment amenée à conclure avec l'Espagne un traité très controversé. La tentation pour quelques hommes — et surtout pour un homme — de marquer leur administration par quelque coup destiné à éblouir, sur l'instant, la populace, où à flatter la vanité nationale, est une réelle source de dangers, dans tous les gouvernements populaires. On a une tendance à y préférer ce qui produit un effet immédiat à ce qui est d'une importance durable. A ce danger, contre lequel le système monarchique est désarmé, la République oppose la décision froide et réfléchie d'un juge impersonnel, qui est le Sénat.

La seconde différence entre les pouvoirs exécutifs est d'une importance plus grande encore. Dans la République, la guerre ne peut être déclarée que par les deux Chambres du Congrès et l'approbation du président. La

Chambre, le Sénat, et l'Exécutif représentés par le président examinent, discutent et décident la question, au milieu de la plus grande solennité, et avec les yeux de la nation et du monde anxieusement fixés sur eux. Tout représentant du peuple, tout sénateur, peut prendre la parole de sa place, et faire enregistrer son vote pour ou contre. L'attention publique est fixée et concentrée sur la crise, et la discussion éclaire le peuple. De la sorte, on gagne du temps, ce précieux temps qui toujours refroidit les passions des hommes et travaille pour la paix. Tout fonctionnaire, tout membre de la législature assume publiquement l'effrayante responsabilité de décréter l'égorgement d'autres hommes.. Si jamais la guerre est déclarée par la République, cette guerre ne sera pas l'œuvre d'une partie du gouvernement, mais l'œuvre solennelle et publique des pouvoirs législatif et exécutif. Quel contraste, avec les pays monarchiques où quelques partisans excités, deux ou trois personnes assises dans un cabinet fermé à tous les regards, lancent le peuple, dans une guerre criminelle — parfois, pour rester aux affaires ou servir des intérêts de parti !

En Angleterre, mes lecteurs d'Amérique l'ignorent peut-être, une loi de la Chambre est indispensable pour approvisionner d'eau une

ville ou pour construire un *mile* de chemin
de fer, mais cinq ou six hommes peuvent lancer
la nation, dans une guerre, ou ce qui peut
avoir encore de plus désastreuses conséquences, l'engager dans des alliances compromet-
tantes, sans consulter le Parlement. C'est là
une des plus pernicieuses conséquences du
système monarchique. Ces hommes agissent
« au nom du roi », qui, en théorie, est un
monarque réel, mais, qui, en réalité, n'est
qu'un pantin commode, dont le cabinet se sert,
quand il en a besoin, pour satisfaire ses propres intérêts.

« Nous avons à supprimer dans notre système politique, beaucoup de maux, un million
de fois plus graves que ceux qui découlent de
la Monarchie », me disait, un jour, un homme
d'État remarquable, qui peut-être sera un président du Conseil. Je le considérai avec pitié.
Ses yeux étaient obscurcis par la poussière
des conflits et son esprit était si absorbé par
d'insignifiants intérêts de parti, qu'il ne pouvait
penser, ni voir à un pouce devant lui. Encore
moins pouvait-il étudier les causes et effets.
Si cela lui eût été possible, il aurait certainement reconnu que la famille royale est le nid
où naissent tous les maux politiques qui affli-
gent son pays et qu'il déplore. Ces maux que

cet homme capable, ardent et patriote, essaye de faire disparaître ne sont que le résultat de l'existence de la royauté ; on ne les trouve pas là où il n'y a pas de famille royale pour les engendrer. Décidez que le chef de l'État sera élu à intervalles réguliers, fondez ainsi un gouvernement sur l'égalité politique des citoyens, et tous les m faits politiques de la minorité contre la majorité, disparaîtront comme par magie. Si je m'occupais de politique en Angleterre, je serais honteux de gaspiller mon énergie contre la Chambre des Lords, l'État ou l'Église, le droit d'aînesse et toutes les autres parties du monstrueux système. Je m'attaquerais hardiment à la famille royale qui est la cause de tous les maux.

A coup sûr, il n'est pas, pour les démocraties de l'Europe, de question plus importante que le droit de déclarer la guerre. Combien de guerres inutiles du passé auraient été évitées si la méthode républicaine eût été employée ! Combien seraient évitées dans l'avenir, si on l'adoptait sans tarder ! Les masses sont toujours plus pacifiques que leurs chefs.

Les deux partis politiques de la République, se sont prononcés, en faveur de l'arbitrage pacifique pour des différends internationaux. Ainsi, avant que l'Amérique ait recours aux armes, quel que soit le parti au pouvoir, elle offrira l'arbitrage à son adversaire, et celui-ci devra le refuser. Que penser d'une nation qui serait capable de froisser le sens moral de l'humanité, en repoussant la branche d'olivier qu'on lui tend ?

De tous les changements politiques qu'il me semble désirable et possible de réaliser, dans cette génération, je considère, comme le plus important, pour le bien-être de l'espèce humaine, celui qui obligerait toutes les nations, à offrir un arbitrage pacifique à leurs adversaires, avant d'avoir recours à l'absurde, à l'inhumaine besogne de massacrer ses semblables.

Le Pouvoir exécutif. Le Président

Les Pouvoir exécutif est confié à un Président qui, pendant les quatre ans que durent ses fonctions, est le plus puissant chef du monde. Il est le premier magistrat civil ; mais il est aussi le commandant en chef de l'armée, de la marine, et de toutes les forces militaires de la nation, y compris les milices des États. Il peut appeler, sous les armes, plus de soldats que n'importe quel autre chef d'État. Le nombre des hommes qui, en cas de guerre, pourraient être incorporés dans la milice, approche de sept millions. Que sont les armées française, allemande ou russe, comparées à celle de la Démocratie ? Cette grande armée ne coûte presque rien à l'État. Elle se livre à toutes les occupations pacifiques, et ne se lève qu'en cas de besoin. Le pouvoir du Président sur les forces militaires n'est pas simplement nominal ; il est bien réel.

A aucun soldat, jamais n'est venu l'idée de questionner l'autorité du Président, et la jamais nation n'en a montré aucune jalousie. Et, pourquoi en montrerait-elle ? Le Président n'est pas hors de son atteinte ; il n'est que son agent nommé pour un temps déterminé. Quand ses pouvoirs sont expirés, il les transmet à son successeur, et il redevient un simple citoyen. L'un retourne au Congrès, comme représentant de son district, un autre retourne à son métier d'homme de loi, un troisième à sa ferme. Un président, en quittant le pouvoir, ne reçoit ni sinécure, ni place, ni pension. Il a reçu de ses compatriotes le suprême honneur. En échange, il a fait son devoir. Il est l'obligé, et, il reste profondément reconnaissant de la distinction qu'on lui a conférée. L'État doit peu à ses serviteurs ; ils lui doivent beaucoup. Telle est l'idée républicaine.

Les Américains ont jusqu'ici fait preuve

d'une étonnante sagacité dans le choix de leurs présidents. Ces présidents fournissent un contraste frappant avec les occupants ou les héritiers des trônes. Quand l'Angleterre était avilie par son Georges III, la République avait Washington. Jusqu'au jour où la reine Victoria monta sur le trône, la comparaison a certainement toujours été en faveur de la République.

C'est la mode, en toutes choses, de louer le passé et de prétendre qu'il « y avait des *géants*, dans ces temps-là. » A mon avis, les Présidents de nos jours ont été les dignes successeurs des Washington, Adams et Jefferson. Grant occupe, dans l'histoire, une excellente place, parmi les hommes doués d'une grande intelligence. Il serait excessivement difficile de trouver un pendant à la carrière de Garfield, qui, de pauvre instituteur, devint Président. Le génie politique de Lincoln n'a jamais été surpassé. Il est toujours bon de rappeler qu'il y a des *géants*, même de nos jours.

Le Président et le Vice-Président ne sont pas élus directement par un vote du peuple, mais par un vote des États, dans une assemblée électorale, où chaque État compte autant de voix qu'il a de sénateurs et de représentants au Congrès, c'est-à-dire par un nombre de

voix proportionnel à la population. On a prétendu que c'était un avantage pour la Monarchie, d'avoir un chef d'État permanent, parce
que l'agitation et la dépense d'une élection,
tous les quatre ans, étaient ainsi supprimées.
A cela, on peut répondre que le chef héréditaire de l'Angleterre n'est chef que de nom. Un
automate pourrait occuper sa place. Cet automate servirait de mannequin pour lancer les
modes et les vêtements, poser la première
pierre de monuments; il présiderait aux ventes
de charité aussi bien que le roi, et il serait
moins couteux.

Le Président va et vient, comme tout autre
citoyen, sans la moindre escorte; généralement, il voyage dans les trains ordinaires.
Quand il se rend à New-York, il descend à
l'hôtel sans se fairé annoncer. Son arrivée est
brièvement mentionnée dans les journaux du
matin. Pendant que j'écris ces lignes, il est
à Buffalo, son ancienne résidence; il est allé
voter pour l'élection du gouverneur de l'État
de New-York. Son vote n'aura pas plus de
poids que celui des ouvriers qu'il rencontre
dans la salle du scrutin. Partout où il se rend,
il est entouré de marques de déférence sincère,
mais sans parade et sans applaudissements. Il
est arrivé que les équipages des Présidents à

Washington étaient plus simples que ceux des habitants riches ; jamais ils n'ont été plus luxueux. Tous les Présidents ont été pauvres. J'ai connu trois d'entre eux assez intimement pour pouvoir dire qu'ils ont quitté la Présidence, sans avoir de quoi vivre sur un pied convenable. De chaque Président américain, on peut dire comme de Pitt : « Dispensateur pendant des années des faveurs de l'État, il vécut sans ostentation et mourut pauvre ».

La parade et l'ostentation vulgaire dont est entouré le chef nominal de l'Angleterre forment un contraste frappant. La différence du prix pour les États est dans la proportion de £ 10.000 à £ 600.000.

Les appointements du Président sont de 50.000 dollars par an. La République lui fournit une résidence officielle, à Washington, et une maison de campagne à quelques *miles* de cette ville. Chaque semaine, pendant un certain nombre d'heures, le Président reçoit toutes les personnes décemment vêtues et respectables qui désirent le voir. Etant le serviteur du peuple, dans un pays où tous les citoyens sont égaux, le plus humble a le même droit de le visiter, de serrer sa main que le plus élevé. Ces coutumes et d'autres semblables servent à rappeler aux Présidents ce qu'aucun d'eux ne doit oublier, à savoir que la souveraineté de la République réside, non pas dans les serviteurs de l'Etat, mais dans les citoyens dont chacun possède une part égale de cette souveraineté.

Le Président, tout comme le premier Ministre d'Angleterre, choisit, comme il l'entend, les membres de son Cabinet. Le Président faisant les fonctions de premier Ministre, les membres du Cabinet sont égaux entre eux. Il existe une différence, dans les deux pays, à l'égard du Cabinet. Le Cabinet anglais siège dans l'une ou l'autre des deux Chambres, et communique oralement avec elles : en Amérique, les membres du Cabinet n'apparaissent pas, en personne, devant les Chambres, mais s'adressent à elles, par écrit. Ce n'est là, d'ailleurs, qu'une affaire de convenance. Rien, si ce n'est la coutume, ne leur empêche d'apparaître et de faire leurs déclarations en personne, mais ils ne pourraient prendre aucune part dans les travaux des Chambres. Au début, le Président se présentait devant le Congrès et prenait la parole au commencement de chaque session, mais on a préféré qu'il adressât un message écrit chaque fois que cela était nécessaire. Le peuple américain ne voudrait pas changer son système contre le système anglais ; il attache beaucoup d'importance à la séparation des

Pouvoirs exécutif et législatif. Chaque Chambre a le droit d'envoyer une délégation chez le Président pour obtenir des informations sur toute question ayant rapport aux affaires, mais, comme la délégation doit être approuvée par la Chambre, le gouvernement est à l'abri de toutes les tracasseries mesquines auxquelles un membre du Parlement peut se livrer, avec le système anglais de poser des questions, quand cela lui plaît. Le Président a de même libre accès au Congrès. Il a pour devoir, de temps à autre, de l'entretenir de toutes les affaires dont il juge qu'il doit être avisé.

Le Président représente la nation, dans ses relations avec les pays étrangers, et reçoit tous les ambassadeurs. Seul, il a le droit de grâce pour les infractions aux lois des Etats-Unis. Il a aussi le droit de veto sur les actes du Congrès, mais ce veto peut être annulé par un vote des deux Chambres, avec une majorité des deux tiers. Il est rééligible, et plusieurs ont été élus deux fois. Ce fut le cas de Washington, mais comme il refusa de se présenter une troisième fois, pour que la charge n'ait pas l'air d'être permanente, l'habitude fut prise de ne pas se présenter plus de deux fois.

L'Etat anglais entretient la famille toute entière, la mère, les sœurs, les cousines, les tantes, et des bandes de suivants qui sont supposés ajouter à la dignité du trône. Les cortèges de grande cérémonie font aux Américains l'effet de grotesques mascarades, et les voitures de gala dans lesquelles la royauté se promène, leur font dire : « Quel est ce cirque?» Instinctivement, ils cherchent des yeux le clown, à l'intérieur de ces voitures. Ils y aperçoivent un roi couronné. Mais la comparaison n'est pas toute en faveur de la République. Quand on compare le chef réel, le roi non couronné d'Angleterre, au Président de la République américaine, la vraie dignité n'est pas du côté de l'Amérique. Rien ne saurait dépasser la simplicité dont est entouré le premier Ministre de ce grand Empire. Ses appointements ne sont que la moitié de ceux du Président américain. Sa résidence officielle, une vieille maison en briques, mesquine et malpropre, fait piètre figure à côté de la magnifique *Executive Mansion* élevée, au milieu d'un parc, à Washington. Elle est simplement le n° 10 de Downing Street, et elle est aussi misérablement meublée qu'un *boarding-house* de New-York. M. Gladstone vit et M. Disraeli vivait à peu près comme nos Présidents. Leur exemple était aussi salutaire, mais il comptait pour peu en Angleterre, où le Président n'est pas comme chez nous, le premier personnage de la société. Quand le parti libéral est au pouvoir, on ne saurait même, dans un sens, dire du premier Ministre qu'il fait partie de la société. Il en est proscrit, et n'a aucune influence sur elle. Mais son jour est proche. La démocratie exigera bientôt que l'homme qui a le peuple d'Angleterre derrière lui, ne tolère plus un roi, devant lui. Partout où il apparaîtra, il aura, comme en Amérique, la préséance, *and shall stand before king*. Ce que l'Amérique fait aujourd'hui, l'Angleterre le fera dans la prochaine génération. Il nous faut renverser le vieux proverbe : *as the old cock crows the young one learns* (le vieux coq apprend à chanter au jeune). Aujourd'hui, c'est le jeune coq qui donne des leçons au vieux. Que la première place soit donc donnée, en Angleterre, au monarque élu de la Démocratie Triomphante.

Nous avons maintenant passé en revue les trois branches de gouvernement, judiciaire, législatif et exécutif, qui sont l'œuvre de la Constitution. La facilité avec laquelle cet instrument a, non seulement fonctionné, dans le pays auquel il était originairement destiné, mais avec laquelle il a tranquillement absorbé, dans son cercle d'action, quarante-neuf communautés politiques différentes, occupant une étendue de trois millions de milles carrés qui contiennent la plus grande partie de la race anglaise est vraiment un sujet d'émerveillement. Avec une seule exception — la dispute à propos du droit pour un État de se retirer de l'Union, — jamais une difficulté sérieuse ne s'est élevée. Il semble que son pouvoir d'absorption soit sans limites. Le monde entier pourrait aujourd'hui entrer dans l'Union Américaine, comme des États égaux, et se développer pacifiquement chacun à sa façon, aucun homme n'étant moins Anglais, moins Français, moins Allemand, moins Russe ou Chinois, mais tous entrant en possession du plus beau de tous les titres, de celui de « citoyen du monde ». Cette merveilleuse Constitution exige une forme de gouvernement républicaine. La Démocratie a pour devoir de se débarrasser des chefs héréditaires qui sont inutiles et dangereux. N'ont-ils pas rempli le monde de guerres, lancé les hommes contre leurs frères, en ne considérant jamais que leur intérêt personnel ? Ils seront toujours des obstacles à la fraternité des races qui est le but auquel tend la démocratie.

Quand les races sont séparées par des océans, elles ne sauraient s'unir, car les agrégations politiques, pour être permanentes, doivent être limitrophes. Mais aucun obstacle insurmontable ne s'oppose à ce que chaque continent forme une seule nation, d'après le système fédéral. Le continent américain est évidemment destiné à être gouverné de la sorte. Le continent d'Europe se « consolide » peu à peu. Aujourd'hui, il n'y a plus que cinq grands pouvoirs, au lieu de cent petits qui existaient avant Napoléon. L'existence d'une ligue de la paix à laquelle chaque continent enverrait des délégués pour régler les différends internationaux, n'est pas si éloignée qu'elle le semble à première vue. Cette ligue ferait disparaître du monde sa plus grande tache : la guerre entre les hommes.

INSTRUCTION (1)

Là où existe l'instruction, il n'y a pas de distinctions de classes. — Confucius.
L'instruction est la seule chose qui mérite l'attention entière de l'homme prévoyant.

(Wendell Phillips).

« L'édifice des lois établi par Numa, dit **Plutarque**, disparut rapidement parce qu'il n'était pas basé sur l'instruction ». On ne saurait donner de meilleure raison de la chute de tout ce qui est bon dans un Etat. Il est impossible à l'homme, d'élever une civilisation durable sur une autre base que cellè de l'éducation populaire. Sans elle, il n'y a ni stabilité ni progrès.

---

(1) Voir l'Appendice à la fin du volume.

Cette question de l'Instruction a été traitée avec plus de développements, dans plusieurs chapitres de *l'Empire des Affaires* et de *l'A B C de l'Argent*, par Andrew Carnegie, librairie Flammarion.

Il est douteux que les hardis « Pilgrim Fathers » aient connu les conceptions des penseurs de la Grèce, en matière d'instruction universelle, ou qu'ils aient été versés dans les spéculations de la « République » de Platon ou de la « Politique » d'Aristote, mais à coup sûr, ils étaient imbus de l'esprit de Luther et de Knox, à l'égard de l'éducation des masses. C'est à la Réforme que l'on doit l'instruction moderne. Luther lui-même, ne disait-il pas que s'il n'était pas un prédicateur, il voudrait être professeur. Il considérait cette fonction comme la plus importante de toutes. John Knox réclamait une école pour chaque paroisse, en Ecosse, et ce fut la protestante Allemagne qui la première entreprit d'instruire toutes les classes. C'est un bonheur pour le monde entier que les luttes religieuses aient eu, comme conséquence inévitable, l'instruction séculière.

Ce préambule à la loi scolaire de Massachusetts, en 1642, nous édifie pleinement sur ce point :

« Un des principaux buts de ce vieux fourbe de Satan étant comme autrefois, d'empêcher les hommes de connaître les Écritures Saintes, en prenant soin qu'elles restent écrites dans une langue étrangère, de façon que, tout au moins, le vrai sens et la signification de l'original puissent êtreobscurcis et corrompus par les fausses gloses des trompeurs, et dans le but que le savoir ne soit pas enterré dans le tombeau de nos pères, dans l'Église et dans la République, avec l'aide de notre Seigneur :

« Il est ordonné par cette cour, que chaque municipalité de sa juridiction, quand le Seigneur aura porté le nombre des habitants à cinquante chefs de maisons, chargera l'un de ces habitants d'apprendre à tous les enfants à lire et à écrire; pour cela il recevra un salaire payé par les parents ou les maîtres des enfants, ou par les habitants en général, sous forme d'allocation fixée par ceux qui ont charge des intérêts de la ville, à la condition que les parents qui envoyent leurs enfants à l'école, ne soient pas opprimés par des impôts beaucoup plus élevés que ceux qu'ils auraient à payer dans d'autres villes. »

En 1700, l'Etat de Connecticut établit un système d'instruction publique dont voici la première obligation :

« Les pères ou tuteurs d'enfants ne devront pas tolérer chez eux cette barbarie d'avoir un seul enfant ou apprenti incapable de lire la parole sacrée de Dieu et les bonnes lois de la colonie. Ils devront aussi, sous peine de punition, pour chaque délit, leur donner une profession honnête ou un emploi. »

Le droit de tout homme d'avoir un jugement personnel présuppose l'existence de la faculté du jugement. Le jugement présuppose des connaissances, et ces connaissances sont le résultat de l'instruction. Le premier devoir d'un Etat, comme les *Fathers* l'avaient bien vu, était d'instruire les enfants. Nos « Pilgrim Fathers » emportèrent avec eux, de leur vieux pays au nouveau, le sentiment de l'importance de cette vérité. On peut dire d'eux, ce que Froude dit des Ecossais : « Chez eux, l'instruction était une passion. A peine avaient-ils élevé un toit sur leur tête, au milieu des forêts, qu'on les vit fonder des écoles publiques et nommer des instituteurs. »

Six ans après la première arrivée de colons à Boston (1636), quatre cents livres furent consacrées à la fondation d'un collège. Cette somme dépassait la totalité des impôts de la colonie, pour cette année-là.

Onze ans plus tard, l'Etat de Massachusetts décréta que l'organisation des écoles était obligatoire, que l'éducation était universelle et gratuite. Nous lisons, qu'en 1665, chaque ville possédait une école gratuite, et, s'il elle contenait plus de cent familles, une *grammar School*. Dans le Connecticut, toute ville qui n'entretenait pas une école, trois mois par an, était passible d'une amende.

Telles étaient les idées de ces hommes du peuple qui s'étaient rendus sur les rivages du Nord, pour y chercher la liberté civile et religieuse.

Bien différentes étaient les idées de l'élément aristocratique, qui fut pour la Virginie une malédiction. Vingt ans après la création, par la loi, d'écoles gratuites dans la Nouvelle-Angleterre, sir William Berkeley, gouverneur de la Virginie, écrivait :

« Je remercie Dieu qu'il n'y ait ni écoles gratuites ni imprimerie ; j'espère que nous n'en aurons pas, avant cent ans. L'instruction a créé l'hérésie, la désobéissance et les sectes. L'imprimerie a répandu l'erreur et des libelles contre le gouvernement. Que Dieu nous préserve des écoles et des imprimeries ! »

« Même au début du XVIIIe siècle, écrit sir Charles Lyell, il n'y avait pas une boutique de librairie et une imprimerie dans toute la Virginie. A Boston, il y en avait plusieurs, et cinq imprimeries. Ce fait est tout à l'honneur des Puritains, puisque, à la même époque (1724), dans la mère patrie, il n'y avait pas moins de trente-quatre comtés, y compris le Lancashire, qui ne possédaient pas d'imprimeur ».

Telles sont les idées et les méthodes de la démocratie, comparées à celles de l'aristocratie ! La première cherche sans cesse à instruire les masses ; l'autre, en raison de sa nature même, s'efforce de restreindre l'instruction à une minorité, sachant bien que les privilèges meurent quand l'instruction se répand. Celui qui enseignait la lecture à un esclave était condamné à mort. En tenant ses esclaves dans l'ignorance, le maître obéissait à un instinct qui ne le trompait pas. Instruisez un homme et ses fers tombent. L'instruction gratuite supprime tous les obstacles à la marche de la démocratie vers l'égalité des citoyens qui est son but. Et ce but, elle l'atteindra tranquillement et sans violence, à la façon dont le jeune arbre fait éclater, dans sa croissance, les liens qui le soutenaient.

« *Ballots* (bulletins de vote), *not bullets* (balles) », telle est la devise du républicanisme instruit, le même que « Obéissance à la Loi » est le premier de ses devoirs.

En raison de l'insuffisance des premiers recensements, il n'est pas facile de connaître la

condition exacte de l'instruction, en 1830.
Mais des écrivains contemporains ont fait certaines évaluations dont on peut tenir compte.
Ils nous apprennent qu'en 1831, la proportion
des enfants fréquentant l'école était, par rapport
à la population de l'Amérique, de quinze pour
cent, c'est-à-dire double de la moyenne en
Europe, et inférieure seulement à celle de la
Prusse. Elle aurait été de vingt-deux pour cent,
chiffre bien supérieur à cette dernière, sans les
États où il y avait des nègres qui ne recevaient
aucune instruction. En 1832, un voyageur
Européen écrivait :

« L'État de New-York vient en tête de liste
pour les enfants qui fréquentent les écoles. La
proportion est de un pour trois et demi du nombre total des habitants ; celle des États de la
Nouvelle Angleterre de un pour cinq ; celle de la
Pensylvanie et du New-Jersey, de un pour huit ;
celle de l'Illinois de un pour treize ; celle de Kentucky, de un pour vingt-cinq et ainsi de suite.
Comme base de comparaison, je puis dire que la
proportion du Wurtemberg est de un pour six ;
celle de la Bavière et de la Prusse de un pour
sept ; celle de l'Écosse de un pour dix ; celle de
la France de un pour dix-sept et demi ; celle de la
Russie de un pour trois cent soixante-dix-sept. »

Beaucoup de mes lecteurs anglais apprendront, sans doute, avec surprise que le gouvernement général ne s'occupe, en aucune façon, de l'instruction. Ce devoir incombe aux divers États, et, chacun d'eux le remplit à sa façon. Un système d'instruction publique fonctionne dans tous les États de l'Union, et trente-huit d'entre eux ont fondé des écoles normales pour la formation des professeurs. Il existe quatre-vingt-huit écoles normales. Tous les États ont reconnu qu'ils avaient le devoir de mettre à la disposition de chaque enfant une *common school* gratuite, et, pour leur faciliter la tâche, le gouvernement général leur a fréquemment accordé des concessions de terres. Au Congrès Continental, la question de l'appui à donner à l'instruction fut discutée. En 1785, immédiatement après la fin de la guerre de l'Indépendance, le Congrès vota une loi réservant aux écoles la sixième partie des terres publiques dans les territoires. Quand les territoires furent transformés en États, on confia à ceux-ci l'administration de ces terres. Grâce à cette loi et à d'autres ultérieures, douze des nouveaux États entrèrent dans l'Union, possesseurs de magnifiques dotations pour l'instruction. En 1848, le Congrès consacra une nouvelle partie de chaque *township*, au même but.

Environ soixante-huit millions d'acres de terre ont été donnés, de cette manière, à vingt-sept États. D'autres concessions spéciales de terres ont été faites, de temps à autre, pour la création d'universités d'États. En 1862, chaque État reçut, soit une allocation de terres, dans l'État même, soit une quantité équivalente de titres, dans le but d'établir et de doter des écoles d'agriculture et d'arts mécaniques. Le total des terres consacrées jusqu'ici par le gouvernement général à l'instruction dépasse soixante-dix millions d'acres, une étendue plus grande que toute l'Angleterre, l'Écosse et l'Irlande réunies.

Dans toute l'histoire de la République, on retrouve la même grande libéralité, à l'égard de l'instruction. Le peuple qu'on ne peut décider à accorder à ses fonctionnaires des salaires moitié aussi élevés que ceux des fonctionnaires des petits pouvoirs d'Europe, demande à ses représentants de voter millions sur millions pour l'instruction. La comparaison entre les sommes dépensées pour l'armée et l'instruction forme un contraste frappant, avec les sommes consacrées en Europe aux mêmes services. L'Amérique est le seul pays qui dépense plus d'argent pour l'instruction que pour la guerre, ou la préparation à la guerre. La Grande-Bretagne ne dépense pas, pour l'instruction, le

quart, la France le onzième, et la Russie le trente-
troisième, de ce qu'elles dépensent pour l'armée.
Voilà des chiffres, sur lesquels les démocraties
d'Europe feront bien de réfléchir. Combien de
temps encore des hommes poussés par des jalousies royales et aristocratiques, consacreront-
ils leurs richesses et le meilleur de leur énergie
à se tuer les uns les autres ?

DÉPENSES ANNUELLES POUR

	l'Armement	l'Instruction
Royaume-Uni. . .	£ 28.900.000	£ 6.685.000
France	35.000.000	3.200.000
Allemagne. . .	20.000.000	6.900.000
Russie	33.000.000	1.000.000
Autriche	13.000.000	2.900.000
Italie	18.000.000	1.100.000
Espagne . . .	6.300.000	1.200.000
Autres États Européens .	8.300.000	2.100.000
	£ 162.500.000	£ 25.085.000

	Armement	Instruction
États-Unis. . .	£ 9.400.000	£ 18.600.000

Ainsi, pour chaque livre sterling consacrée
par l'Angleterre à l'instruction, plus de quatre
livres sont consacrées à l'armée et à la marine.
La République fait l'inverse. Elle dépense près
de deux livres pour l'instruction contre une

4.

livre pour la guerre. Comme sont vrais ces vers de Longfellow !

Si la moitié de la puissance qui remplit le monde de terreur,
Si la moitié de l'argent dépensé dans les camps et dans les cours
Etait consacré à tirer l'esprit humain de son erreur
Il n'y aurait plus besoin d'arsenaux ni de forts.

Le nom du soldat deviendrait un nom abhorré !
Et tout pays qui lèverait à nouveau
La main sur son frère, aurait son front
Marqué pour toujours, de la malédiction de Caïn.

Si les États de la Nouvelle-Angleterre, dès les débuts de leur histoire, ont adopté si pleinement l'idée de l'instruction gratuite pour tous, par contre, le grand Etat de New-York ne l'adopta qu'après de nombreuses années de luttes. Ce fut seulement en 1851 que le vote populaire sanctionna le principe que l'Etat doit l'instruction à tous ses enfants. L'Etat y consacre aujourd'hui annuellement onze millions de dollars. Il existe aujourd'hui à New-York un collège pour les meilleurs élèves des *public schools*, un collège normal gratuit pour les professeurs femmes, et, dans chaque partie de l'Etat, des écoles normales formant un grand nombre de professeurs accomplis.

Les sommes consacrées à l'éducation, dans chaque Etat, par tête d'élève, vont de 18 dollars 70 dans le Névada, à 85 *cents* dans la Caroline du Sud, et 81 *cents* dans le New-Mexico. C'est un fait intéressant que les Etats qui dépensent le plus pour l'éducation ne sont pas les vieux Etats de la Nouvelle-Angleterre, mais les jeunes et vigoureux Etats du Nord-Ouest. Ainsi l'Iowa, en proportion de sa richesse, dépense presque le double du Massachusetts. L'Idaho, qui n'est pas encore reconnu comme Etat, dépasse, sous ce rapport, tous les autres Etats. Le Wisconsin, le Minesota, le Kansas et le Nebraska ont une grande avance sur les Etats de la Nouvelle-Angleterre. Les Etats du Sud viennent les derniers, sans être aussi en retard qu'on pourrait le croire. Plusieurs d'entre eux, tels que le Maryland, la Virginie, la Virginie de l'Ouest et la Caroline du Sud, dépassent la moyenne des Etats de la Nouvelle-Angleterre.

Les Etats-Unis, dans leurs efforts pour établir l'instruction obligatoire, n'ont pas évité entièrement les difficultés religieuses. Heureusement, l'opposition a été limitée à l'Eglise romaine catholique. Toutes les autres sectes lui ont donné un appui enthousiaste. Les catholiques mécontents n'ont pas été assez forts, même à New-York, où ils sont beaucoup plus puissants que partout ailleurs dans l'Union, pour empêcher l'exclusion complète de l'enseignement religieux, qui caractérise les *public schools* d'Amérique. Généralement, quelques lignes de la Bible sont lues une fois par jour, sans commentaires, comme exercice public. Personne ne s'en offusque, à l'exception des catholiques romains. Tout le monde comprend que la *public school* n'est pas faite pour donner l'instruction religieuse.

Dans toute l'Amérique, on attribue à l'instruction une si vitale importance pour l'enfant, que, même la discipline rigide de l'Eglise catholique Romaine n'est pas assez forte pour empêcher les parents catholiques d'envoyer leurs enfants aux *public schools*. Des manifestations, contre cette pratique *destructrice de l'âme*, furent, il y a peu de temps, organisées simultanément, dans toutes les églises de Pittsburg, et les reproches adressés aux coupables, furent si violents que la *Commercial Gazette* fit une sérieuse enquête, pour savoir combien de catholiques fréquentaient les *public schools*. On consulta les directeurs de cinquante-six écoles ; vingt-quatre seulement répondirent. Les premiers déclarèrent qu'ils se faisaient un scrupule de conscience de s'enquérir de la foi religieuse des élèves. Cette réponse montre combien est grande la tolérance, combien est insignifiante la difficulté religieuse — en admettant même qu'elle existe — pour le développement de l'instruction séculière et gratuite. On ne peut donc avoir de renseignements sur quelques-uns des districts catholiques les plus fervents. Néanmoins, il fut clairement démontré que les *public schools* recevaient moitié autant d'enfants catholiques que les *dénominational schools*, en dépit des fulminations des prêtres et des ordres du vicaire de Jésus-Christ, le suprême pontife, ordres qu'on invoqua récemment à Pittsburg, dans une campagne contre les écoles sans Dieu. Le résultat me causa une telle surprise que, avant de le citer, j'en demandai confirmation aux plus hautes autorités, notamment à mon distingué compatriote, M. William Wood, qui a été longtemps un des *Commissioners of Éducation*, de New-York. Or, non seulement il m'a affirmé que les résultats de Pittsburg pouvaient être considérés comme représentant la situation moyenne dans le pays, mais qu'à New-York et autres grandes villes les enfants, en nombre plus grand encore, reçoivent leur instruction dans les écoles de l'Etat, côte à côte avec les protestants. Que l'Eglise continue donc à lancer des mandements contre l'instruction gratuite et sans Dieu de la République! Le Pape étant infaillible ne doit pas changer d'avis. Ces mandements sont sa bulle du dix-neuvième siècle contre la comète, et probablement elle sera aussi efficace que l'ancienne.

Les *public schools* sont entretenues principalement par des taxes directes, et aucune taxe n'est payée, aussi volontiers que la « school tax ». En 1880, vingt-deux millions et demi de dollars ont été levés pour les écoles, — les quatre cinquièmes provenant de la taxe directe, l'autre cinquième des loyers, de la vente ou des revenus des *schools lands*.

Après les *public schools*, dans lesquelles, chaque enfant reçoit une instruction primaire gratuite, nous arrrivons aux diverses institutions supérieures qui ne regardent en rien l'Etat. Les institutions, pour la plupart, sont des *private schools*, et elles vivent de la pension des élèves. Certaines sont autorisées par des ordonnances de l'Etat, à accorder des degrés et des diplômes, mais, comme les programmes des Etats varient beaucoup, une école qui, dans le Tennessee a le droit de s'intituler université ou collège, ne serait, ni l'une ni l'autre, dans le Massachusetts. Cette remarque empêchera les lecteurs d'être égarés par les statistiques qui indiquent qu'il y a tant d'universités et tant de collèges de plus, dans le premier Etat que dans le second.

Les écoles d'un rang supérieur à celui des *publics Schools*, dans les États-Unis sont au nombre de trois mille six cent-cinquante ; elles contiennent environ un demi-million d'élèves. Trois cent soixante-quatre d'entre elles sont des universités et des collèges ; elles contiennent cinquante-neuf mille cinq cent quatre-vingt-quatorze étudiants.

Le nombre des *publics schools* est estimé à cent soixante-dix-sept mille cent. Cela fait, en tout, cent soixante-dix-neuf mille huit cent quatre-vingt-quatre écoles. L'armée des professeurs s'élève à deux cent soixante-treize mille, dont cent cinquante-quatre mille trois cent soixante-quinze sont des femmes. Une glorieuse armée que celle-là !

La situation de l'Amérique, à l'égard de la lecture et de l'écriture, est la suivante : sur trente-six millions sept cent cinquante personnes de dix ans et au dessus, près de cinq millions, ou treize pour cent, ne savent pas lire, et six millions deux cent-cinquante mille ne savent pas écrire. En 1870, la proportion était respectivement de seize et de vingt pour cent, ce qui prouve que l'ignorance diminue. L'augmentation de ceux qui savent lire est significative. Au lieu de mille habitants qui ne savaient pas lire, en 1870, il n'y en avait plus que huit cent cinquante trois, en 1880 ; et, au lieu de mille qui ne savaient pas écrire, il n'y en avait plus que huit cent vingt-six. La population de couleur a dans cette augmentation une part presque aussi grande que les blancs. Ce résultat est de nature à donner de l'espoir aux amis de cette race. Le nombre des étrangers illettrés a aussi beaucoup diminué. Sur mille qui en 1870 étaient illettrés, il n'en restait en 1880 que sept cent cinquante-neuf, ce qui prouve que le niveau de l'émigration s'est beaucoup élevé. Bien entendu, les Américains illettrés se trouvent surtout, dans les États du Sud et parmi les noirs. En 1880, parmi les noirs au dessus de dix ans, pas moins de soixante dix pour cent ne savaient pas écrire, tandis, que, parmi les indigènes de race blanche, du Sud ou du Nord, la proportion était seulement de huit et sept dixièmes pour cent. Dans les États du Sud, considérés dans leur ensemble, pas plus de soixante habitants sur cent au-dessus de dix ans savent écrire.

Pour soixante-quinze et six dizièmes pour cent de noirs illettrés, dans le Sud, il n'y en a que vingt-trois et deux dixièmes pour cent, dans les Etats du Nord. N'est-ce pas là une excellente preuve que leur situation est due aux circonstances et non à une tare héréditaire?

Dans tout le Nord, où la population est plus dense, on peut dire que l'Américain des deux sexes, né en Amérique, sait lire et écrire. La proportion des illettrés ne dépasse pas une moyenne de cinq pour cent, et ces illettrés pour la plupart sont, probablement, réfractaires à l'instruction.

Quand on compare le nombre des hommes de vingt-et-un ans et au dessus, qui ne savent ni lire, ni écrire, au nombre des enfants de dix ans et au dessus, qui sont dans la même situation, on voit de suite combien l'instruction a progressé dans ces dernières années.

La proportion moyenne des hommes blancs de vingt-et-un ans et au dessus qui ne savent ni lire ni écrire est de sept et huit dixièmes pour cent, celle des femmes blanches, dans les même conditions, est de onze pour cent. Cette légère différence montre que dans la République, les femmes ne sont guère en arrière des hommes. En 1870, les proportions étaient les suivantes : hommes illettrés, dix-huit et vingt-six centièmes, pour cent ; femmes illettrées vingt-et-un et quatre-vingt-sept centièmes, pour cent. La diminution des illettrés en dix ans, est un des signes les plus manifestes et les plus étonnants des progrès du pays.

En 1880, le nombre des écoles pour l'instruction des femmes était de deux cent-vingt-sept; elles contenaient vingt-cinq mille sept cent quatre-vingt étudiants. En 1870, il n'y avait que cent soixante-quinze écoles de ce genre et onze mille deux cent quatre-vingt-huit étudiants. Ces statistiques montrent une augmentation supérieure à celle de toute autre branche et combien les progrès faits par les femmes en matière d'instruction ont été rapides.

La moyenne des salaires mensuels des professeurs des *public schools* varie beaucoup, dans les divers États. Le Nevada donne à ses professeurs femmes 77 dollars, et à ses professeurs hommes 104 dollars 47. Ce sont les plus hauts traitements. Le Massachussetts donne 70 dollars 59 et 67 dollars 54 ; la Caroline du Sud 23 dollars 89 et 25 dollars 24.

Comme nous l'avons déjà vu, les *public schools* d'Amérique coûtent, en 1880, plus de £ 16.000.000. Cette somme est répartie inégalement entre les États. La cité de Virginie, dans le Nevada, est celle qui dépense le plus, par tête d'élève, environ 34 dollars 81. Vient ensuite Sacramento, dans la Californie, avec 34 dollars. Boston dans le Massachusetts occupé le troisième rang, avec 33 dollars 73, par tête, chiffre trois fois supérieur à celui de Londres.

Si l'Américain, de son vivant, s'occupe continuellement d'améliorer l'instruction, il ne l'oublie pas, à sa mort. Souvent, il lègue des sommes importantes à son école ou à son collège favori. En 1800, ces legs ont dépassé cinq millions et demi de dollars.

Arrêtons-nous un instant, et voyons comment les institutions monarchiques et aristocratiques agissent, sous ce rapport. La Grande-Bretagne, est le plus riche pays du monde, après l'Amérique. Son aristocratie, en tant que classe, est la plus riche qui soit. Rien, dans la République, ne peut lui être comparé. Mais qui a jamais entendu parler d'un noble laissant des sommes importantes pour l'instruction de ses semblables, ou même pour tout autre usage public ? Un médecin de Londres, Sir Erasmus Wilson, meurt et laisse cent mille livres, moitié de sa fortune totale, au *College of Physicians and Surgeons*. Indiquez-moi un membre de l'aristocratie qui se soit élevé au dessus de sa propre famille. Un vain désir de fonder ou de soutenir une famille, d'augmenter ses revenus ou ses propriétés : telle est l'ambition peu recommandable d'un ordre privilégié.

Quelques exemples illustres, d'autant plus remarqués qu'ils sont plus rares, sont insuffisants pour laver les hommes de cette classe du reproche mérité, de tirer pour eux-mêmes de l'État trop indulgent, tout ce qu'ils peuvent en tirer. Sans doute, ils peuvent invoquer, non sans raison, l'influence de l'exemple des plus hautes sphères, desquelles on était en droit d'attendre de meilleures choses. Les rois eux-mêmes, à notre époque, cherchent à s'enrichir. Tel est le résultat des idées monarchiques et aristocratiques. On ne peut attendre rien de bon d'un régime de privilèges.

La République compte de nombreuses institutions scolaires fondées par ses millionnaires. Parmi elles, citons Johns-Hopkins University, Cornell University, Vanderbilt University, Packer Institute, Vassar College, Wellesley College, Smith College, Bryn Mawr College et le Stevens Institute. Ces jours derniers, on annonçait que Leland Stanford, directeur du Central Pacific Railway et sénateur de la Californie, avait donné sept millions de dollars pour créer une université, sur la côte du Pacifique.

Les Américains sont et ont toujours été de cet avis de Jefferson : « Un système d'instruction générale appliqué à tous les citoyens, du plus riche au plus pauvre, a été la première affaire publique à laquelle je me suis intéressé, et elle sera la dernière ». Cette voix, c'est la voix inspirée de la Démocratie triomphante qui considère comme son premier devoir de donner l'instruction à tous. Elle n'a pas de gloire et de triomphe dont elle puisse se montrer plus fière. Aux vieilles monarchies du monde, nous disons : Le fruit naturel de la Démocratie, c'est un peuple instruit.

RELIGION

La religion d'un peuple, à quelque époque ou à quelque place que ce soit, est la plus haute expression de l'état de ce peuple et de ce qu'il peut faire, à cette époque et à cette place.

Les rapports de l'Eglise et de l'Etat sont un des problèmes dont la République a trouvé la solution. Elle a décidé que ces *rapports ne devaient pas exister.*

Les rapports de l'Etat avec la religion sont exactement les mêmes qu'avec la médecine. Il ne songe pas plus à adopter l'homœopathie, comme système médical, que l'épiscopat, comme religion.

Dans la République, la réglementation par l'Etat des croyances religieuses semblerait

aussi absurde que la réglementation du costume.
Il n'est même pas admis que l'Etat ait le droit
de patronner une forme de religion, encore
moins une secte, au détriment des autres
formes. Le boudhisme, le confucianisme ou le
plus grossier fétichisme ont avec l'Etat exactement les mêmes rapports que n'importe quelle
secte dont la foi est tirée des enseignements du
Christ. Aucune forme de culte, aucune croyance
religieuse ne jouit d'une faveur spéciale de
l'Etat. Le « heathen Chinee » de New-York
peut adorer ses ancêtres, avec la certitude que
le chrétien en habit noir qui se rend à l'église,
avec un livre aux tranches dorées, n'est pas
plus favorisé que lui par l'Etat.

Comment le système d'égalité religieuse
fonctionne-t-il ? Admirablement, pour toutes les
sectes en général ; infiniment mieux que les
partisans d'une religion d'Etat, en Angleterre,
pourraient le croire, pour l'Eglise anglicane.
Bien loin que la religion soit négligée, le nombre
des édifices religieux, par rapport à la population, est beaucoup plus grand en Amérique
qu'en Angleterre, et les fidèles qui les fréquentent sont tout aussi nombreux. Dans ce
dernier pays, il y a 35.000 églises, soit 144
pour 100.000 habitants ; aux Etats-Unis, il y a
92.000 églises, soit 181 pour 100.000 habitants.

Plus de 80.000 de celles-ci sont protestantes.

Ce remarquable résultat a été atteint, comme tous les autres progrès en Amérique, par sauts et par bonds. Au début du siècle, les étudiants des universités de Yale et d'Harvard avaient l'habitude de se désigner par les noms *d'infidèles français et allemands*. Une faible proportion d'étudiants des collèges fréquentait l'église. Il n'en est plus de même. De 1870 à 1880, Harvard, la plus avancée de toutes les universités, gradua plus de 1.400 jeunes gens, dont deux seulement prirent le titre de *sceptics*. En 1800, alors que la population des Etats-Unis était d'environ 5.000.000 d'habitants, le nombre des communiants dans les diverses Eglises était de 364.000, une moyenne de 1 sur 15 habitants. En 1880, avec une population de 50.000.000 d'habitants, le nombre des communiants protestants était supérieur à 10.000.000, soit une proportion de 1 sur 5. Si l'on tenait compte des membres de l'Eglise romaine catholique, la proportion serait beaucoup plus forte.

L'augmentation du nombre de beaux édifices religieux est également remarquable. Beaucoup d'églises américaines sont célèbres pour leur beauté. Toutes les grandes villes ont des spécimens d'architecture religieuse qui ne déshonoreraient pas des villes ayant un passé aussi reculé que Coventry. Dans les districts ruraux, les clochers qui s'élèvent au-dessus des *cottages* et des arbres sont aussi nombreux que dans le vieux pays. Une des plus magnifiques églises des temps modernes est, à coup sûr, l'église catholique romaine de la cinquième avenue, à New-York : une massive construction gothique de marbre blanc. Dans cette même avenue, on trouve une douzaine d'autres églises d'une grande beauté et d'un réel mérite architectural.

On estime que trente millions d'habitants, près des trois cinquièmes de la population totale du pays, appartiennent à l'église chrétienne. Il y a vingt-quatre millions de protestants, parmi lesquels les *Methodists* et les *Baptists* sont les plus nombreux. Viennent ensuite, les *Presbyterians*, les *Roman Catholics*, les *Lutherans*, les *Christians* (disciples du Christ), les *Congregationals*, les *Episcopals*, les *United Brethern*, et une quantité de sectes qu'il serait fatiguant d'énumérer. Les monuments et autres biens appartenant à ces corps divers sont évalués à plus de $ 350.000.000.

Les membres du clergé dont le nombre dépasse soixante-dix-sept mille, sont entretenus uniquement par les fidèles. Le gouvernement ne subventionne aucun d'eux. Il n'y a pas de dissidence, puisque nulle secte n'est préférée.

Le rôle important de la religion dans la colonisation de ce continent a eu des effets encore visibles dans l'Américain d'aujourd'hui. Il va à l'église, et soutient généreusement de ses deniers la religion, bien qu'il se soit élevé au dessus des croyances strictes et étroites des premiers jours.

Dès 1705, l'aristocratique Virginie décréta un emprisonnement de deux ans et de nombreuses incapacités politiques, pour quiconque renierait deux fois le mystère de la Trinité et les Ecritures. Le gouvernement de New-Amsterdam était plus avancé ; en 1664, il avait décrété qu'aucune personne professant le Christianisme ne serait molestée, mise à l'amende ou emprisonnée, pour des différences d'opinion religieuse. Les luttes de la Révolution hâtèrent l'avènement d'une tolérance religieuse complète. La crainte que l'Angleterre ne voulut établir l'*Episcopal Church*, en Amérique, si les colonies étaient vaincues, fit l'union des autres sectes qui toutes réclamaient l'égalité religieuse, et par conséquent étaient hostiles aux prétentions de l'*English Church*. L'intensité de l'opposition coloniale à la religion d'Etat apparaît dans des instructions spéciales de l'assemblée de Massachussetts à son agent à Londres, en 1768 :

« L'établissement d'un épiscopat protestant en
Amérique a des partisans très zélés (au Parlement anglais). Cela est fort alarmant pour un
peuple dont les ancêtres ont été obligés, par
les souffrances qu'ils enduraient, sous un tel
système, de fuir leur pays natal et de se réfu-
gier dans des régions désertes, pour y jouir un
peu de leurs privilèges civils et religieux. Nous
espérons que Dieu en préservera l'Amérique,
et nous désirons que vous y fassiez une vive
opposition ». Ainsi donc, en plus du mécon-
tentement que l'Eglise d'Etat produit en Angleterre, il convient de voir en elle une des
principales causes de la perte de nos colonies.

Quand les colonies triomphèrent, et eurent
à se donner une constitution gouvernementale,
il n'y avait pour elles qu'un parti à prendre.
Ne voulant favoriser aucune secte, la secte
épiscopale moins que toute autre, puisqu'elle
avait été la plus hostile à la cause de l'Indépendance, il leur fallait décréter la liberté
absolue. L'Etat doit à toutes les religions, la
même protection. En vertu de ce principe, la
Constitution déclare que le Congrès ne fera aucune loi pour établir une religion ou pour en
gêner le culte. Telle est la charte qui accorde
aux Juifs et aux Gentils, aux Chrétiens, aux

Mahométans et aux Indous l'égalité et l'exercice de leurs droits. Les divers Etats, la Virginie en tête, adoptèrent bientôt l'esprit de cette
loi. Ils effacèrent de leur Constitution les dis-
positifs, en faveur du clergé. Et pourtant la
variété de vies religieuses, saines et vigou-
reuses, est aujourd'hui plus grande aux Etats-
Unis que dans toute autre partie du monde.
Tel est le résultat d'une Eglise libre dans un
Etat libre.

Il nous est impossible d'établir des comparaisons entre les sommes consacrées, annuellement, à des buts religieux, il y a cinquante ans
et aujourd'hui. Les statistiques sont muettes
sur ce point. Au temps de la Révolution (1776),
il existait 1.461 ministres et 1.951 églises, ce
qui donnait un ministre pour 2.053 et une
église pour 1.538 fidèles. En 1880, il y avait un
ministre pour 660 et une église pour 553 fidèles. On voit par là que, malgré une augmentation de population sans précédent dans l'histoire de l'humanité, les églises et les ministres
non seulement, ont suivi le mouvement de cette
population, mais qu'ils l'ont dépassé. Partout
où l'Américain s'installe, il construit immédiatement une école et une église.

Les principales sectes, suivant le recensement
de 1880, se répartissent ainsi :

Methodist 3.286.158
Baptist 2.430.095
Presbytérian . . . 885.468
Luthéran 569.389
Disciples of Christ . 556.944
Congregational . . 384.800
Episcopal 336.669

L'Eglise catholique romaine prétendait avoir, en 1883, 6.832.954 fidèles, aux Etats-Unis.

Le lecteur américain sait qu'en Angleterre, l'Etat continue à *établir* et à doter une des nombreuses sectes protestantes à laquelle il donne le nom d'*Eglise d'Angleterre*, et une autre appelée l'*Eglise d'Ecosse*. Avec une délicieuse impartialité, l'Etat considère la forme épisco-pale, comme l'*Eglise*, c'est-à-dire comme le vrai et divin système, au Sud de la Tweed, et avec une égale assurance, il décrète que, au Nord de cette petite rivière, l'aristocratique succession apostolique devient sans effet et que c'est l'idée démocratique presbytérienne qui constitue l'*Eglise*.

Le Parlement est souverain des deux églises, et sa Majesté protège, non seulement *une foi* mais elle en protège *deux*. En Angleterre, elle est une dévote épiscopale ; en Ecosse, elle est presbytérienne. Mais comme toute l'Ecosse est attachée à cette dernière foi, et que les sectes représentent seulement les légères différences qui inévitablement existent, entre les Ecossais batailleurs, dans n'importe laquelle de leurs institutions, seculière ou religieuse, l'*Eglise d'Etat*, bien que jouissant d'un privilège et traitant les autres sectes, avec le dédain que mérite leur infériorité, n'est pas un abus aussi irritant et aussi grand qu'en Angleterre. Une famille presbytérienne, en Ecosse, peut ne pas appartenir à l'*Established Church*, et conserver sa situation sociale. En Angleterre ce serait presque, sinon tout à fait, impossible; les *Church People*, seuls constituent la Société. L'Episcopat est la seule forme de religion *fashionable*, la seule qui soit « *good form* ». C'est une règle qui comporte peu d'exceptions. Dans la province, les clergymen de l'Episcopat se considèrent comme les seuls vrais successeurs des Apôtres, les seuls membres du Clergé, et ils refusent de fréquenter les ministres des autres *denominations*. En Angleterre, la religion soutenue par l'Etat, loin d'être un lien de paix entre les gens, n'est qu'un sujet de querelles. Ces querelles acharnées ne cessent pas devant les tombes. D'inconvenantes disputes s'élèvent, pour savoir si les membres d'autres églises, ont le droit d'être ensevelis, parmi leurs parents, dans l'unique cimetière du district. On ne peut que s'étonner qu'un peuple, si soucieux des bienséances extérieures, dans tous les actes de la vie, tolère des scènes qui, j'en suis sûr, n'ont pas leurs pareilles, même dans les pays les plus ignorants.

Une récente loi sur les funérailles a arrêté ces scandales dans une certaine mesure, mais elle est loin de régler les choses comme elles devraient être.

La vente des *livings* (cures) est un autre scandale qui ne surprendra pas moins les Américains. Fréquemment, l'achat d'une terre comprend le droit de nommer le clergyman du district, et, comme les émoluments peuvent être considérables, ce poste a une valeur marchande. Quand on fait l'estimation de la propriété, on en tient compte, comme des acres de terre. Constamment, on lit dans les journaux des annonces mettant en vente « a clergyman's position to such and such a living ». Peu importe le caractère ou la valeur de l'acheteur, en tant que ministre de la religion. L'achat de son poste fait de lui le ministre légal de ses malheureuses ouailles.

Ce système engendre un autre mal. L'acheteur riche peut ne pas avoir la moindre envie d'excercer sa profession sacrée. Il achète un revenu, disons de £ 1.000 par an, et il se fait remplacer par un pauvre *curate*, à qui il donne £ 150. La différence constitue le bénéfice de son placement d'argent. Mon lecteur américain est-il disposé à entendre quelque chose de plus monstrueux encore, sur le compte de l'*Established Church* ? Qu'il écoute donc ceci : Le droit de nommer un ministre, à la mort du titulaire, est souvent vendu aux enchères. « Un pauvre vieux clergyman va bientôt mourir. Messieurs, qui met aux enchères? Une fois, deux fois, adjugé. »

Telle est la façon dont se comporte le clergé anglais. Souvent, je me suis demandé comment un de nos évêques de l'*Episcopal Church* pauvait tendre une main cordiale à ses collègues d'Angleterre qui vivent des produits honteux de ce système.

Les maux de la religion d'État découlent directement de la monarchie. Les archevêques et évêques résidant dans les palais, et roulant sur l'or constituent l'aristocratie religieuse ; les milliers de pauvres *curates* qui sont réduits à la portion congrue représentent la masse. Les revenus de la *State Church* dépassent £ 5.000.000. Cette Église d'État possède toutes sortes de biens ; elle n'en dédaigne aucun. Un article du *London Times* fit remarquer que l'archevêque de Canterbury, se promenant dans Londres, entre certaines de ses résidences ou églises, pourrait passer devant cent *gin palaces* bâtis sur des terrains appartenant à l'Église. Ce vil commerce si florissant lui procure de beaux revenus. Dès gens d'églises qui vendent le droit de guérir les âmes des hommes, contre espèces sonnantes, ne sauraient hésiter à vendre le droit de détruire leurs corps. La présente église monarchique d'Angleterre, sous les rapports que j'ai mentionnés, est indigne d'avoir des relations avec sa fille républicaine plus pure d'Amérique. Mes lecteurs n'ont pas manqué de remarquer que tous les vices de cette église découlent de ses rapports dégradants avec l'État. Notre propre église épiscopale ne prouve-t-elle pas abondamment que ces maux ne sont pas inhérents au système ? Quand la situation politique sera réglée comme chez nous, l'*Episcopal Church* d'Angleterre deviendra aussi pure que la nôtre.

Maintenant qu'elle a fait l'expérience d'une existence libre et indépendante, si le gouvernement proposait de donner à la *Protestant Episcopal Church* d'Amérique, la situation dans l'État, qu'occupe l'*Episcopal Church* d'Angleterre, il est absolument certain qu'elle rejetterait cette proposition, à une très forte majorité, comme étant nuisible à sa vie et à son action, et commedérogatoire au véritable esprit de religion. Si l'église d'Angleterre était, pendant une année, debarassée pareillement du contrôle de l'État, elle ne voudrait jamais revenir à son état de dépendance actuel.

Jadis, les propriétaires anglais prétendaient que l'abrogation des *Corn Laws* amènerait leur ruine ; les propriétaires d'esclaves d'Amérique prédisaient que l'affranchissement des esclaves amènerait des massacres dans le Sud. Aujourd'hui, ils ont reconnu leur erreur. Les ecclésiastiques qui considèrent que la *State Church* serait ruinée si l'Etat se séparait d'elle finiraient, eux aussi, par reconnaître leur erreur. Hommes à courte vue! Le jour où l'Eglise d'Angleterre serait libre et indépendante de l'Etat, son pouvoir et son influence augmenteraient, et le zèle de toutes les autres sectes s'en trouverait stimulé. Une Eglise d'Angleterre indépendante, à l'égard de laquelle aucune autre Eglise ne serait en état d'infériorité, pourrait bien finir par absorber toutes les autres sectes et rendre à l'Angleterre l'unité de religion qu'elle perdit si malheureusement quand la politique envahit le domaine religieux. La largeur de vue, la tolérance, l'importance de moins en moins grande attachée à des dogmes qui ne sont que l'œuvre des hommes et qui caractérisent la présente Eglise, semblent admirablement propres à établir une base sur laquelle, après que les scandales résultant du contrôle de l'Etat seraient éliminés, pourrait être élevée une Eglise groupant toutes les personnes religieuses et qui serait, de fait comme de nom, *The* English Church.

Nous ne constatons pas encore dans la République une tendance vers la disparition des sectes, mais les étapes préliminaires qui doivent y conduire ont été franchies. Les sectes se mêlent de plus en plus les unes aux autres, à l'occasion de beaucoup d'œuvres importantes. Le rabbin juif, le prêtre catholique, le ministre épiscopal et les ministres de toutes les autres *denominations* font continuellement campagne en faveur des mêmes réformes.

Sans taxe d'Eglise, sans dîme, sans support et sans surveillance de l'État, la religion, en Amérique, a acquis une force qu'aucun appui politique n'aurait pu lui donner. Elle est une force vivante qui pénètre la vie des gens et leur donne l'unité de sentiments. Elle agit en silence et sans aucune de ces difficultés qui, en Angleterre, résultent de son union avec l'État et qui sèment la division.

PAUPÉRISME ET CRIME

*Nous aurons toujours, parmi nous, des pauvres
et des criminels, mais, par des soins convenables,
l'État peut diminuer le nombre des pauvres et
rendre les criminels moins mauvais. Le meilleur
critérium de la place qu'un État occupe dans la
civilisation, c'est le peu de gravité de ses punitions et le soin qu'il prend des pauvres. C'est la
pitié envers ces classes infortunées, et non la farouche autorité de la loi qui, en fin de compte,
diminue le crime et le paupérisme. Elle est aussi
plus digne d'un pays instruit. Le but de tout
châtiment, et sa justification, ce n'est pas de
faire respecter la loi, mais d'améliorer le coupable.* (PENSÉES DES SAGES).

Dans les anciens dans les livres, périodiques
et journaux, où l'on a cherché des indications

sur la condition de l'Amérique, il y a un demi-siècle, le petit nombre de mendiants et de pauvres est souvent mentionné. Un écrivain, de cette époque, écrit dans le *Commercial Magazine* :

« Dans la plus grande partie de la Virginie et du Kentucky, le paupérisme est presque entièrement inconnu. J'ai visité, il y a quelque temps, l'asile des pauvres de Campbell County, dans le Kentucky ; il n'y avait pas un seul pensionnaire. J'ai connu un comté très peuplé, dans la Virginie, où il n'y en avait qu'un ».

Durant un long voyage à travers les Etats, le capitaine Alexander, de l'armée anglaise, en 1832, ne vit qu'un seul mendiant.

A côté de beaucoup d'indications de ce genre, montrant que la pauvreté était inconnue des Américains, il y a cinquante ans, on trouve des plaintes sur le grand nombre d'Européens pauvres qui arrivent en Amérique. On lit dans le *New England Magazine*, de 1833, qu'une pétition a été présentée à l'assemblée générale, par le maire et le *City Council* de Baltimore, pour appeler son attention sur les inconvénients qui résultent de l'arrivée d'étrangers pauvres. Cette pétition déclare que le nombre des émigrants débarqués au port de Baltimore, en 1831, s'élevait à 4.381, et, en 1832 à 7.946, et que la plupart étaient dépourvus de moyens d'existence. Elle déclare également que sur 1160 personnes admises dans l'*Almshouse* de cette ville, en 1831, il y avait 487 étrangers ; et que sur ce nombre, 281 avaient séjourné dans le pays, moins de trois mois, avant leur admission, et 121 moins d'une semaine.

La *National Gazette* de Philadelphie, racontait, en 1834, qu'un « actif et intelligent administrateur de la taxe des pauvres, dans cette ville avait déclaré que le soutien de nos propres pauvres serait une charge insignifiante, et que plus des *trois quarts* des pauvres dans l'*Almshouse*, venaient d'Europe. Parfois, une famille entière se rend directement du bateau à l'*Almshouse* ».

Le *New-York Advertiser* raconte que « au cours de la présente saison (1834), un navire de guerre autrichien fut envoyé en Amérique, ayant à bord un grand nombre de personnes, dont le gouvernement autrichien voulait se débarrasser, et que toutes ces personnes, transportées de cette façon imposante, avaient été débarquées à New-York ».

Vingt ans plus tard, on entendait les mêmes plaintes. On lit dans « l'Histoire de New-York » par Booth, que « durant l'hiver de 1855, il y avait beaucoup de souffrances parmi les pauvres de New-York, qui, incapables de trouver du travail, se promenaient dans les rues, avec des bannières et des inscriptions réclamant des secours. Des soupes étaient distribuées, dans toutes les parties de la ville. Dans le *Seventh Ward* seul, neuf mille personnes vivaient de la charité publique, et pas une d'elles, disons-le, en passant, n'était Américaine. »

Les clameurs contre l'importation des pauvres n'ont pas encore cessé.

Mais la pauvreté n'était pas le seul grief qu'on avait contre les étrangers ; ils formaient aussi une grande partie de la classe criminelle. Les statistiques criminelles des premiers recrutements sont si incomplètes qu'elles ne méritent aucune confiance, mais ce que Mullah dit de la situation présente s'applique aussi au passé : « Il est à remarquer, dit-il, que les étrangers qui forment le septième de la population, fournissent quatorze mille délinquants, soit trente pour cent du total. »

La proportion des pauvres à la population totale est moindre aux États-Unis que dans tout autre pays. Cette différence est telle qu'on a de la peine à la croire. L'Angleterre a une armée de plus d'un million de pauvres, soit un pauvre par trente-quatre personnes. L'Améri-

que, avec sa population plus grande, n'en a qu
deux cent cinquante mille, soit un pauvre pa
deux cents habitants. Ces chiffres représen
tent assez bien la différence entre la Républi
que et les autres nations européennes. Pourtant
dans un ou deux cas, la différence en faveur d
la République est encore plus grande, ainsi qu
le montre le tableau suivant :

	Nombre de personnes secourues.	Rapport avec la population.
United Kingdom.	1.037.000	33 pour 1.00
Italy	1.365.000	48 —
Prussia	1.310.000	50 —
Austria	1.220.000	35 —
France	1.151.000	32 —
Low Countries. .	1.010.000	105 —
Spain and Portugal	596.000	30 —
Scandinavia. . .	301.000	38 —
Switzerland. . .	140.000	54 —
	8.130.000	44
United States . .	225.000	5 —

Ainsi donc pour un pauvre aux États-Unis
il y en a vingt-et-un en Hollande et en Belgi
que, et six en Angleterre.

On doit aussi noter que, en Amérique, plu
d'un tiers des pauvres inscrits qui vivent au
dépens du public sont des étrangers. Les pau

vres indigènes forment les dix centièmes pour cent de la population indigène ; les pauvres étrangers les trente-quatre centièmes pour cent de la population étrangère.

J'ai plaisir à mentionner que la proportion des pauvres est plus petite chez les noirs que chez les blancs, une preuve de plus que les prédictions de paresse et de dissipation si communes avant leur émancipation n'étaient pas fondées. La proportion des pauvres de race blanche est de quatorze centièmes, contre neuf centièmes pour la race noire.

La loi des pauvres en Amérique est bien différente de la loi anglaise. Cette dernière favorise les paresseux et les imprévoyants, aux dépens des actifs et des prudents. Dans beaucoup de villes d'Amérique, les bureaux de charité procurent du travail aux indigents, au lieu de leur donner de l'argent. Ceux qui reçoivent des secours en Amérique n'ont pas été habitués à compter toujours sur l'État. Cet état d'esprit des pauvres qui est excellent résulte de l'union de la charité publique et privée. Quand les pauvres considèrent qu'ils ont droit à la charité, ils la réclament, dans des cas, où ils hésiteraient à solliciter des faveurs. Le système anglais est aussi plus coûteux. L'Angleterre dépense annuellement pour ses pauvres

$ 50.000.000 ; la République n'en dépense pas le tiers.

Les causes de cette absence relative de paupérisme, en Amérique, sont faciles à trouver. Dans un nouveau pays, quiconque veut travailler est à l'abri de la pauvreté, et, en Amérique, il n'y a pas de gens qui se plaisent dans l'inaction. De plus, les gens « défectueux » sont moins nombreux que dans les vieux pays, où les conditions de la vie sont plus dures, où le manque de nourriture convenable, de vêtements et d'abris, a pour résultat un développement imparfait. La proportion minime des sourds, des muets et des aveugles aux Etats-Unis est due, dans une certaine mesure, à la nature saine de l'élément étranger. Les ratés restent chez eux ; seuls, les hommes sains et vigoureux émigrent. L'importance de ce facteur est démontrée par ce fait que, aux Etats-Unis, il n'y a qu'un aveugle sur 2.720 habitants, un sourd et muet sur 2.094, tandis que en Irlande, la proportion est de un aveugle sur 884, et de un sourd-muet sur 1.304.

La charité privée contribue beaucoup à faire disparaître toute trace de pauvreté et de douleur, en Amérique ; les orphelinats, les écoles industrielles, les asiles pour les aveugles, les institutions pour les sourds et muets, et autres établissements de charité sont nombreux, et leur nombre augmente encore. Les statistiques montrent qu'elles contiennent autant de pensionnaires que les institutions publiques. Les institutions charitables classées sous le titre de *Divers* sont au nombre de 430 ; de plus, il y a 56 institutions pour les sourds et muets, 30 institutions pour les aveugles et 13 écoles pour les enfants arriérés.

Ainsi, l'Amérique est à la fois la nation la moins pauvre et celle qui fait le plus pour soulager la pauvreté. Plus de la moitié de ses pauvres sont secourus par la charité privée, qui, de jour en jour, empiète sur la charité de l'État. C'est un profit pour tous, quand la charité obligatoire, telle qu'elle fonctionne en Angleterre où elle tire annuellement £ 10.000.000 de la poche des contribuables est remplacée par une charité, qui fait plaisir à celui qui donne et à celui qui reçoit. Tel est le changement qui s'accomplit rapidement en Amérique. On peut prédire, en toute sûreté, que, grâce à l'esprit d'indépendance croissant que produit la République, l'Etat finira par ne s'occuper que de ceux dont la pauvreté est engendrée par l'inconduite.

Les relations étroites de la pauvreté et du crime ont été confirmées, de façon éclatante, par les enquêtes de Quetelet. En Angleterre, la preuve a été faite maintes fois que les temps durs augmentent la criminalité. Le Dr Mayr a montré qu'en Allemagne toute augmentation du prix de la farine avait pour conséquence une recrudescence de vols. Au contraire, le bon marché des vivres est suivi d'une diminution de la criminalité. Le chant intitulé : « *The English Roast beef* » repose sur une donnée scientifique :

> « L'homme bien nourri, Messieurs,
> Ne peut jamais faire mal ».

Telle est, évidemment, une des raisons pour lesquelles les vols sont proportionnellement moins nombreux en Amérique qu'en Europe.

L'instruction gratuite et obligatoire, jointe à l'influence d'institutions politiques qui, à tout instant, inculquent le *self-respect* et stimulent l'ambition, sont les principales raisons pour lesquelles le crime et le paupérisme sont moins répandus que dans les pays d'Europe.

Les progrès humanitaires dans le traitement des criminels, en Amérique, ne datent que de la dernière moitié du siècle. La génération actuelle aura de la peine à croire avec quelle inhumanité les délinquants étaient traités par la génération précédente. Voici quelques exemples empruntés à des sources dignes de foi :

« Pendant plus de cinquante ans (de 1773 à 1827), l'État éclairé de Connecticut a utilisé comme prison un ancien puits de mine, dans les montagnes près de Simsbury, puits dont l'horreur dépassait celle de toutes les autres prisons d'Europe ou d'Amérique.

« La « Newgate Prison », comme on l'appelait, se compose de cavernes situées dans les flancs de la montagne ; on y descend avec des échelles. Les convicts ont des cellules de bois et couchent sur la paille. Seuls, ceux qui ont visité ces cachots peuvent se faire une idée de leur horrible tristesse. L'immensité impénétrable de ces cavernes, avec, au dessus, la masse effrayante des terres qui semble vouloir vous réduire en atômes ; les eaux qui coulent le long des parois comme des larmes ; les bruits qui n'ont rien de ce monde, tout conspire à vous frapper d'effroi et d'horreur.

« On enfermait là, pendant la nuit, de trente à cent prisonniers. Leurs pieds étaient liés à des barres de fer ; ils avaient au cou des chaînes attachées aux solives. L'ordure infecte des caves occasionnait continuellement des maladies contagieuses. La prison était le théâtre de révoltes continuelles. Les châtiments les plus cruels et les plus dégradants ne réussissaient pas à amender les convicts. Le système, dit l'écrivain cité plus haut, était admirablement combiné pour changer

les hommes en démons. Les prisonniers s'instrui-
saient réciproquement dans le crime. Quand ils
se divertissaient la nuit, on croyait entendre le
hurlement des tigres dans une ménagerie. Nul ne
pouvait dormir ou se reposer.

« A Northampton, dans le Massachussetts, un
cachot n'avait que quatre pieds de hauteur; il
n'avait ni fenêtres ni cheminée. L'aération se
faisait par les cabinets d'aisances et deux trous
dans le mur. A Worcester, un cachot du même
genre n'avait que trois pieds de hauteur et onze
pieds carrés de surface, sans fenêtre ou orifice.
L'air n'entrait que par la fosse et les fentes de la
porte. Elle communiquait avec un autre cachot
semblable réservé aux fous. A Schenectady, dans
dans l'État de New-York, trois hommes enfermés
pendant quelques heures dans un cachot de ce
genre furent trouvés inanimés. On put cependant les ramener à la vie.

« M. Édouard Livingstone, le grand *penal refor-
mer* de ce pays, mentionne, en 1822, que de 1.500
à 2.000 personnes des deux sexes étaient chaque
année enfermées dans les prisons de New-York.
Toutes étaient présumées innocentes, et beaucoup
l'étaient, en effet. On les mettait en contact avec
des criminels invétérés; ils étaient obligés de
manger, de boire et de dormir avec eux. Puis,
quand ils avaient pris des leçons de crime, on

les relâchait pour qu'ils puissent les mettre en pratique. »

C'était là le bon vieux temps, dont nous entendons souvent parler. La barbarie des châtiments qui caractérisa la période succédant immédiatement à la révolution, avait été bien atténuée, avant 1830. Depuis, l'emploi des châtiments plus doux a marché de pair avec l'amélioration du régime de la prison. Dans un siècle ou deux, le plus sûr moyen de prévenir les crimes sera probablement l'insertion dans les journaux de notes de ce genre : « Hier, à la *City court*, la conduite de M. X. fut blâmée par le jury ». Un pur sang n'a besoin ni de fouet, ni d'éperon. Un homme instruit, né de parents instruits, est le pur sang de la race humaine.

L'honneur des progrès faits dans la façon de traiter les jeunes criminels revient également au demi-siècle que nous examinons. Avant 1830, peu ou rien n'avait encore était fait, pour établir, dans les prisons, une distinction ou même une séparation, entre les enfants et les adultes criminels. On peut facilement imaginer les résultats d'une telle éducation. L'enfant qui avait commis une première faute était perdu. Le vétéran du crime était pour lui un héros, et, il soupirait après sa mise en liberté, afin d'imiter ses exploits. Les jeunes filles étaient également mêlées aux femmes les plus endurcies, avec des résultats analogues. Si étrange que cela puisse paraître à mes lecteurs d'aujourd'hui, ce fut seulement en 1824 que la première école pénitentiaire, *The New-York House of Refuge*, fut bâtie. Son influence bienfaisante se fit sentir immédiatement. D'autres furent construites peu après. En 1874, cinquante ans après le début du mouvement, il y avait trente-quatre *Reformatories*, dans le pays. Leur valeur moyenne était estimée à près de $ 8.000.000. Le nombre moyen de pensionnaires était de 8.924. A cette date, 91.400 garçons et filles avaient déjà été admis, et près de 70.000 avaient été définitivement amendés — sauvés !

« Ces utiles institutions réalisent un immense progrès sur les prisons qui les précédèrent. Les jeunes gens ne sont plus enfermés avec les délinquants d'âge mûr. Les sexes sont aussi séparés. Généralement, la nuit, il n'y a qu'un enfant par cellule. Dans les cas où ils sont réunis, dans de vastes dortoirs, les enfants sont soigneusement surveillés. On leur enseigne des métiers utiles. Ils fréquentent l'école tous les jours, et l'église tous les dimanches. Quand leur temps est expiré, ou avant si leur bonne conduite le permet, on les met en apprentissage chez de dignes et respectables fermiers ou ouvriers. »

Dans les grandes villes, il existe de nombreuses sociétés pour les enfants abandonnés. La plus connue est la *Children's Aid Society of New-York*, dont le développement et le succès ont été remarquables. Elle se mit à l'œuvre, en 1853 ; elle a donné à plus de 30.000 enfants, sans domicile, un abri et du travail à la campagne. Les maisons de refuge en abritent, en moyenne, six cents par nuit. Des écoles industrielles et des écoles du soir instruisent, et, en partie, nourrissent ou habillent, plus de 10.000 enfants par an.

Leur but principal est de sauver les enfants vagabonds, sans domicile et à moitié criminels, de la ville, en les recueillant, en les instruisant, et en les plaçant dans des maisons choisies, à la campagne, où on a constamment besoin du travail des enfants. Ces efforts sont couronnés de succès. Le nombre des emprisonnements pour vagabondage à New-York est tombé de 2.161 en 1861, à 914 en 1871, et celui des jeunes filles arrêtées pour larcins, de 1.103 en 1860, à 572 en 1871, alors que dans cet intervalle, la population s'était augmentée de dix-sept pour cent. C'est tout à fait au début, avant que l'enfant ait fréquenté ceux qui l'ont précédé dans la carrière, qu'il faut s'attaquer au mal.

L'Amérique n'a pas été la dernière à adopter les idées modernes, pour le traitement des prisonniers. Ses établissements pénitentiers peuvent supporter la comparaison avec ceux des autres pays, et, je crois qu'elle les a devancés, pour l'abandon des punitions sévères. Sa répugnance contre la peine de mort est si grande qu'elle a été abolie dans plusieurs États. Les grands établissements d'État font travailler continuellement leurs prisonniers pendant la journée, et, la nuit, ils les placent dans des cellules séparées. Dans certains cas, le travail est loué à des entrepreneurs qui paient tant par homme, mais on dit que ce système ne donne pas de résultats satisfaisants, parce qu'il met les prisonniers en contact avec les influences extérieures. Il est préférable que les fonctionnaires de l'État surveillent la besogne et disposent de leur travail. Beaucoup de prisons se suffisent à elles-mêmes, ou à peu près. La prison de l'État d'Ohio, située à Colombus, donne un profit annuel. Aucune prison ne l'égale. Le condamné peut, par sa bonne conduite, diminuer le temps de sa peine de cinq

jours par mois, et il peut recevoir une allocation ne dépassant pas le dixième de ses gains.
A la fin de son temps, s'il a mérité la commu-
tation entière de sa peine, il est rétabli dans
ses droits de citoyen. On n'emploie pas de
châtiment cruel ou dégradant, et on n'impose
pas un costume spécial. La bibliothèque est
très fréquentée. Tous les prisonniers se rendent à l'école du dimanche, et aux réunions
pieuses. Dans la prison de l'État du Massachussetts, les convicts ont fondé une Societé
pour discuter et s'instruire. Dans les prisons,
on nomme des professeurs et des chapelains,
on installe des bibliothèques. En un mot, l'idée
dominante, c'est qu'il est moins important de
punir le coupable, pour ce qu'il a fait que de
l'améliorer, afin qu'il ne recommence pas à
violer les lois. Dans aucune branche de l'effort
humain, l'Amérique n'a réalisé de plus grands
progrès, que dans le traitement des vagabonds
et des criminels. On s'inquiète moins de punir
le coupable ignorant et égaré, que de le débarrasser de son ignorance et de ses péchés. C'est
là le point important. La bibliothèque, les professeurs et les chapelains ont pour but de le
sauver des mauvaises fréquentations, pendant
son temps de prison, et, si possible, de le sauver de lui-même.

Dans l' « History of Criminal Law » de du Boy, nous sommes choqués d'apprendre que, au quatorzième siècle, trois porcs furent jugés par un tribunal et condamnés à mort, pour avoir tué un berger : « Tous les autres porcs du troupeau furent condamnés comme complices. Cette dernière condamnation fut levée par le duc de Bourgogne auquel on s'adressa avec toutes les formes de la Chancellerie ». Berriat Saint-Prix énumère plus de quatre-vingts condamnations à mort ou excommunications prononcées de 1120 à 1741, contre toutes sortes d'animaux, depuis l'âne jusqu'à la sauterelle. De telles façons d'agir, au nom de la justice, nous semblent incompréhensibles. La prochaine génération ou celle d'après, lira probablement avec horreur que nous infligions la peine de mort à des êtres humains.

LA RÉPUBLIQUE [1]

Les vieilles nations rampent comme des limaces; la République passe en grondant comme un express. Il lui a suffit d'un siècle pour prendre sa place au premier rang des nations; bientôt elle les dépassera toutes. Par sa population, sa richesse, son épargne annuelle, son crédit, son agriculture, son industrie, l'Amérique est déjà à la tête du monde civilisé.

La France, avec ses plaines fertiles et son ciel ensoleillé, a besoin de cent soixante ans pour doubler sa population.

La Grande-Bretagne, dont la population augmente plus vite que celle de toute autre nation européenne, met soixante-dix ans pour obte-

(1) Voir appendice.

nir le même résultat. La République, à plusieurs reprises, a doublé la sienne en vingt-cinq ans.

En 1831, la Grande-Bretagne et l'Irlande contenaient vingt-cinq millions d'habitants et cinquante ans plus tard (1881), elles en contenaient trente-quatre millions. La population de la France, durant la même période, s'est élevée de trente-deux millions et demi à trente-sept millions et demi. La République a bondi de trente millions à cinquante millions. L'Angleterre a gagné dix millions d'habitants, la France cinq millions, les États-Unis trente-sept millions ! Ainsi donc, la République, en un demi-siècle, gagne un chiffre d'habitants égal à la population actuelle de la France et supérieur à la population actuelle du Royaume-Uni. On reste confondu devant un tel résultat. Une Grande-Bretagne et une Irlande surgissant, au milieu de terres incultes, comme par magie, en moins d'une vie d'homme !

En vérité, la République est la Minerve des nations ; elle est sortie toute armée du front de Jupiter-Angleterre. Au lieu de trente millions d'habitants, comme en 1830, l'Amérique en possède à l'heure présente cinquante-six millions, ce qui fait plus d'hommes parlant la langue anglaise qu'il n'y en a dans tout le reste du monde, plus qu'il n'en existe dans le Royaume-

Uni et toutes ses colonies, même si la population de celles-ci était doublée.

Si étonnants que soient ces résultats ; ils sont bien ternes à côté des suivants : En 1850, la richesse totale des Etats-Unis n'était que de $ 8.430.000.000 ; celle du Royaume-Uni dépassait $ 22.500.000.000, c'est-à-dire qu'elle était près de trois fois supérieure.

Le court espace de trente années a suffi pour renverser les situations respectives des deux pays. En 1881, la Monarchie était chargée d'un fardeau d'or de £ 8.720.000.000. Arrêtez-vous un instant, lecteurs, pour considérer cet alignement de chiffres, mais n'essayez pas de comprendre ce qu'il représente ; aucun homme ne saurait y parvenir. Herbert Spencer n'avait pas besoin d'aller si loin pour trouver l'*inconnaissable*! Je le lui mets sous les yeux. Qu'il essaye de *connaître* le sens de ceci : $ 43.600.000.000 ! Mais si prodigieuse qu'elle soit, cette richesse est dépassée par celle de la République, qui, en 1880, deux années avant, s'élevait à $ 48.950.000.000. Heureusement, nous ne nous occupons que de l'année 1880 ! Si nous avions à faire connaître la richesse de l'année suivante, il nous aurait fallu trouver un autre chiffre et augmenter encore l'interminable rangée. La richesse de l'Amérique, à ce jour, dépasse de beaucoup dix milliards de livres sterling. Cette richesse ne provient pas entièrement, comme on pourrait le croire, à première vue, de ses énormes ressources agricoles. Elle provient, en grande partie, de son industrie. L'Amérique est non seulement la première nation agricole, mais aussi la première nation industrielle du monde. Elle a enlevé cette dernière suprématie à l'Angleterre. En 1880, les usines anglaises étaient estimées à £ 818.000.000 ; les usines d'Amérique à £ 1.112.000.000 — près de moitié autant que les usines de toute l'Europe, dont la valeur s'élevait à £ 2.600.000.000.

Sous le rapport de l'épargne, l'Amérique est également à la tête des nations. Son épargne annuelle de £210.000.000 dépasse de £56.000.000 celle de l'Angleterre, et de £ 70.000.000 celle de la France. Les cinquante millions d'Américains de 1880, auraient pu acheter les cent quarante millions de Russes, d'Autrichiens et d'Espagnols, ou bien, après avoir acheté la France, il leur serait resté assez d'argent de poche pour acheter le Danemark, la Norwège, la Suisse et la Grèce. La république Yankee pourrait même acheter le pays de ses ancêtres, le cher vieux pays, avec son exquise beauté, ses souvenirs historiques et ses glorieuses traditions qui méritent et gardent tout notre amour.

Oui, certes, elle pourrait acheter chaque acre
de la Grande-Bretagne et de l'Irlande, et, en
faire, pour son immense continent, une sorte de
jolie petite île de Wight. Par dessus le marché,
elle pourrait rembourser la dette nationale de
ce pays, si profondément endetté, sans épuiser
sa fortune qui n'est que le produit d'un seul
siècle ! Que ne sera-t-elle capable de faire,
avant qu'un nouveau siècle se soit écoulé !
Déjà, les nations, qui ont joué de grands rôles
dans l'histoire du monde, sont petites à côté
d'elle. Dans cent ans, elles seront des nains, et
dans deux cents ans, des pygmées, près de ce
géant. L'Amérique est le Gulliver des nations.
Celles-ci ne sont que des Lilliputiens qui s'ef-
forceraient vainement de l'enserrer dans leurs
fils d'araignées.

La marine de la République prend place après
celle de l'Angleterre, ce « transporteur » du
monde. Aucune autre nation n'approche d'elle,
sous ce rapport. En 1880, les transports de la
Grande-Bretagne jaugeaient dix-huit millions de
tonneaux ; ceux de la République neuf millions.
Sa flotte de commerce représente environ la
moitié de celle de la mère-patrie ; elle est supérieure à celle des cinq nations ayant les flottes
les plus importantes après l'Angleterre, à savoir
la France, l'Allemagne, la Norwège, l'Italie et

8.

l'Espagne réunies. Les moyens de transports dé la République sont plus de quatre fois supérieurs à ceux de la France, sa sœur européenne, et quatre fois supérieurs à ceux de l'Allemagne. Ses navires ont gagné près de vingt pour cent du gain total réalisé par les transports maritimes du monde, en 1880. La France et l'Allemagne n'en ont gagné guère plus de cinq pour cent. Les exportations et les importations de l'Amérique sont déjà égales à celles de n'importe laquelle de ces nations — environ trois cents millions de livres sterling. Malgré ces résultats, qui sont corroborés par Mulhall, et dont l'exactitude n'est pas douteuse, l'impression générale est que l'importance maritime de la République, n'est pas en rapport avec son importance gigantesque sur terre. C'est là une des nombreuses erreurs populaires, à l'égard du « parent au-delà de la mer », mais tandis qu'elle vient immédiatement après l'Angleterre elle-même comme puissance maritime, sous le rapport du commerce intérieur — des moyens de transports sur terre — elle prend le dessus sur elle. Le commerce intérieur des Etats-Unis dépasse le commerce extérieur total de la Grande-Bretagne et de l'Irlande, de la France, de l'Allemagne, de la Russie, de la Hollande, de l'Autriche-Hongrie et de la Belgique réunies.

Plus de cent deux millions de livres sterling de fret sont payés chaque année. Cette somme est supérieure à celle que représente le fret des chemins de fer de la Grande-Bretagne, de la France et de l'Italie réunis, et à la somme encaissée par tous les navires du monde, à l'exclusion des gains que l'Amérique tire de ses propres navires. Le réseau du « Pennsylvania Railroad », à lui seul, transporte plus de tonnes de marchandises que tous les vaisseaux marchands de l'Angleterre.

En tant que puissance militaire et navale, la République est à la fois la plus faible et la plus forte des nations. Son armée régulière ne se compose que de vingt-cinq mille hommes éparpillés sur tout le continent, par compagnies de cinquante ou de cent hommes. Sa marine de guerre, grâce à Dieu, est insignifiante, mais, il y a vingt ans, comme au son de la trompette, elle réunit sous les armes, deux millions d'hommes armés et une flotte de six cents vingt-six navires de guerre. Les légions vantées de Xerxès, les hordes d'Attila et de Timour elles-mêmes furent dépassées, sous le rapport du nombre, par les soldats-citoyens qui prirent les armes, en 1861, pour défendre l'unité de la nation, et qui, quand la besogne fut faite, les déposèrent tranquillement, pour retourner à leurs occupations pacifiques. Ils agirent comme les soldats de la Commonwealth, dont Macaulay dit : « Au bout de quelques mois, rien n'indiquait que la plus formidable armée du monde venait de se fondre dans la masse de la nation ». Le caractère des soldats de la République évoque également le récit que le même Macaulay fit de l'armée républicaine de Cromwell : « Les royalistes eux-mêmes, durent reconnaître que, dans toutes les branches du travail honnête, les soldats congédiés réussirent mieux que les autres hommes, qu'aucun ne fut poursuivi pour vol ou brigandage, qu'aucun ne s'abaissa à mendier et que, quand un boulanger, un maçon ou un voiturier se faisait remarquer de tous par son zèle et sa sobriété, presque toujours il avait servi sous Cromwell ». C'était l'époque où notre pays natal, débarrassé de ses chefs héréditaires, était soumis à l'influence vivifiante des institutions républicaines. C'est ainsi que, des deux côtés de l'Atlantique, les *citoyens* combattent et retournent à leurs occupations pacifiques. Ils se battaient, non pour un trône, pour un roi ou pour les privilèges d'une classe, mais pour leur *pays*, pour un pays qui accorde au plus humble le même privilège qu'au plus grand. Instinctivement ces lignes viennent a l'esprit :

« Où est le lâche qui n'oserait
  Combattre pour un tel pays ! »

Les *Bretons*, comme républicains, furent,
bien entendu, invincibles. Quelle chance de succès peut avoir, dans une bataille, le royaliste
qui crie : « Mon roi ! », contre le citoyen dont
l'ardeur patriotique s'enflamme, rien qu'en murmurant : « Mon pays ! » Le « God save the
King » du monarchiste est bien faible devant
les plus nobles accents du chant républicain :
« God bless our native land ! »

Un roi, triste sire frivole, peut être indigne de notre estime. Notre pays mérite toujours
notre amour. Il y a des mots évocateurs qui
accomplissent des miracles. Parmi ces mots,
il faut placer ceux-ci : « Notre pays ». D'autres
mots ayant cessé d'être divins sont devenus
ridiculés. « Roi » et « Trône » sont de ceux-là.

Les vingt mille Anglais qui se sont réunis
dans « Bingley Hall », à Birmingham, pour ho-
norer le plus ferme de tous les Anglais, John
Bright, se dispersèrent, non pas aux accents
du mesquin et puérile « God save the King »,
mais en chantant ces glorieuses paroles mises
sur le même air :

Que Dieu bénisse notre terre natale,
Que la main protectrice de Dieu

Continue à garder ses rives ;
Que la paix accroisse sa gloire
Que ses ennemis se changent en amis.
Et que la puissance de l'Angleterre
Ne dépende plus de la guerre.

Ces paroles sont dignes de l'Angleterre, mère bénie des nations présentes et futures. Elles valaient qu'on fît la traversée de l'Atlantique pour les entendre. Jamais le frisson du triomphe n'agita mon corps avec plus de force que, quand j'élevai la voix et je me mis à chanter avec la masse, le futur hymne national qui vivra et fera le tour du monde, quand les familles royales seront aussi mortes que les « dodos. » (1). Que Dieu avance ce jour ! Une famille royale est une insulte pour toute autre famille du pays.

La République n'a besoin ni d'armée permanente, ni de marine de guerre. Là est sa gloire principale et sa force. Elle se repose avec toute sécurité, sur l'amour et le dévouement de ses enfants. A la façon de Cadmus, elle peut, en cas de besoin, tirer du sol d'innombrables troupes armées qui ne se battent que pour sa défense, et, qui, contrairement aux guerriers nés du dragon, retournent aux occupations

____

(1) Oiseau disparu.

de la paix, quand elle est hors de danger.

Le *citoyen* américain qui refuserait de se battre pour son pays, en cas d'attaque, serait indigne de ce titre. J'en dis autant de celui qu'on pourrait entraîner dans une guerre agressive. Heureusement, un tel homme n'existe pas.

La situation prépondérante que la République occupe parmi toutes les nations, sous le rapport de l'activité intellectuelle, a plus d'importance encore que sa force commerciale ou militaire. Pour le nombre des écoles et des collèges, pour le nombre et l'étendue de ses bibliothèques, pour le nombre des journaux et autres périodiques, elle les dépasse toutes.

Dans l'application de la science aux usages sociaux et industriels, elle est fort en avance sur les autres nations. Un grand nombre des inventions pratiques les plus importantes qui ont contribué aux progrès du monde, durant le dernier siècle, sont nées en Amérique. Nul autre peuple n'a imaginé autant de machines, pour remplacer le travail manuel. Le premier bateau à vapeur qui réussit commercialement, navigua sur l'Hudson, et le premier navire qui traversa l'Atlantique partit d'un port américain, sous pavillon américain. L'Amérique donna au monde la première machine à égrener le coton, les premières machines à faucher, à moissonner et à coudre, qui fonctionnèrent de façon pratique. C'est dans la branche la moins matérielle, la plus éthérée, celle qui a procuré à l'homme ses plus grands triomphes, à savoir l'électricité, que la position de l'Amérique mérite le plus d'être signalée. On peut presque dire qu'elle en a fait sa spécialité. Partant de la découverte de Franklin relative à l'identité de l'éclair et de l'électricité, ce fut un américain qui inventa les systèmes de télégraphie les plus usités et donnant les meilleurs résultats, et ce fut un américain qui osa entreprendre de relier l'ancien et le nouveau pays avec des fils électriques. Dans l'emploi de l'électricité comme éclairage, l'Amérique maintient sa suprématie, partout où cet agent subtil est employé. Le nouveau moyen de communication donné au monde, le téléphone, est, lui aussi, dû à l'Amérique.

Point n'est besoin d'essayer de pénétrer l'avenir lointain de cette nation géante. Mais si nous jetons nos regards en avant, comme nous les avons jetés en arrière, seulement sur un espace de cinquante ans, et, que nous supposions que, dans ce court intervalle, aucun changement sérieux ne se produise, nous restons saisis par ce fait stupéfiant, qu'en 1935, c'est-à-dire quand beaucoup de ceux qui sont aujourd'hui à l'âge d'homme vivront encore, il existera, sous le même drapeau, cent quatre-vingt millions de républicains parlant anglais, qui possèderont une richesse nationale de $ 250.000.000.000. Il y a quatre-vingts ans, toute l'Europe et toute l'Amérique ne contenaient pas ce nombre d'habitants. Si l'Europe et l'Amérique continuent à se développer normalement, il ne faudra guère plus de quatre-vingts autres années, à dater d'aujourd'hui, pour que la République puisse se glorifier de posséder autant de citoyens fidèles que tous les gouvernements de l'Europe réunis. Avant 'année 1980, l'Europe et l'Amérique auront chacune une population d'environ six cents millions d'habitants.

Les causes du développement si rapide de cette nouvelle nation constituent un des problèmes les plus intéressants de l'histoire sociale de l'humanité. Les facteurs les plus importants du problème sont au nombre de trois : le caractère ethnique des habitants, les conditions topographiques et climatériques auxquelles ils sont soumis, et l'influence d'institutions politiques ayant pour principe fondamental l'égalité du citoyen.

Nos écrivains du passé, ont soutenu que le type ethnique d'un peuple a moins d'influence sur son développement, en tant que nation, que les conditions dans lesquelles il vit.

Les modernes ethnologistes en savent plus long. Pour comprendre de quelle importance vitale est la question de race, nous n'avons qu'à nous figurer ce que l'Amérique serait aujourd'hui, si elle était tombée, au début, entre les mains de tout autre peuple que l'Anglais colonisateur. Certes, l'Amérique eut de la chance de recevoir une si bonne semence. A l'exception de quelques hollandais et français, cette semence était entièrement anglaise. Comme on le verra dans le prochain chapitre, l'Amérique d'aujourd'hui reste fidèle, à cette noble lignée et est aux quatre cinquièmes anglaise. L'aptitude spéciale de cette race pour la colonisation, sa vigueur et son esprit d'entreprise, ses qualités de gouvernement, se sont brillamment manifestées sur toutes les parties du globe, mais nulle part au même degré qu'en Amérique. Affranchis ici du poids des institutions féodales qui ne convenaient plus à leur développement; affranchis également de la domination des hautes classes qui, dans la patrie, les avaient tenus éloignés de l'administration des affaires, et qui avaient sacrifié les intérêts de la nation aux leurs, comme c'est la coutume de telles classes, ces Anglais des classes inférieures appelés à fonder un nouvel État, ont montré qu'ils possédaient un véritable génie pour l'administration publique.

Le second facteur — peut-être aussi important que le premier — de la progression rapide de cette branche de la race anglaise, c'est la supériorité du milieu dans lequel elle s'est développée. La terre qui lui est échue en lot, le plus magnifique domaine qui ait jamais servi de berceau à une race, depuis l'origine du monde, n'offre aucun obstacle à l'unité, à la complète amalgamation des habitants du Nord, du Sud, de l'Est et de l'Ouest, en une seule masse homogène. La conformation du continent américain diffère, en effet, sous beaucoup de rapports importants, de toute autre grande division du globe. En Europe, les Alpes occupent une position centrale; de leurs versants partent des rivières qui coulent vers des mers opposées. En Asie, l'Himalaya, l'Hindu-Kush et les monts Altaï partagent le continent, et les rivières sorties de leurs flancs versent leurs flots dans des océans très éloignés, les uns des autres. Au contraire, sur les côtes de l'Amérique du nord s'élèvent des montagnes dont les pentes descendent graduellent vers de grandes plaines centrales et forment un immense bassin où les rivières coulent ensemble, dans une seule vallée, offrant au commerce une quantité considérable de milliers de *miles* de courants navigables. La carte proclame ainsi l'unité de l'Amérique du Nord. Dans ce grand bassin central, qui a une étendue de trois millions de *miles* carrés, sans rivières infranchissables, sans montagnes formant des barrières assez élevées pour être un obstacle à la facilité des relation, *l'intégration* politique est une nécessité et la *consolidation* une certitude.

Herbert Spencer a cité beaucoup d'exemples à l'appui du principe que les « peuples vivant dans les montagnes et les peuples vivant dans les déserts et les marais s'unissent difficilement, tandis que des peuples resserrés entre des barrières naturelles s'unissent facilement ». Bien plus, les nations ainsi séparées par des barrières se considèrent comme des ennemies naturelles. En Europe, l'ambition et l'égoïsme des dynasties régnantes ont contribué à faire de cette idée, le symbole politique des peuples. Cowper l'a exprimée dans les vers bien connus :

Des montagnes interposées
Rendent ennemies des nations, qui sans elles,
Se seraient mélangées comme des gouttes d'un
[même liquide. »

A cause des montagnes, plusieurs parties de l'Europe sont restées en état de guerre ou de préparation de guerre permanente, et cet état eut pour résultat, beaucoup de malheurs, beaucoup de morts, des pertes matérielles et des retards dans la civilisation.

Les grands lacs d'Amérique qui, dit-on, contiennent un tiers de l'eau non salée du monde entier, sont aussi un puissant élément d'union. Un navire parti de n'importe quel port du monde peut décharger sa cargaison à Chicago, dans le Nord-Ouest, à mille *miles*, dans l'intérieur des terres. Le Mississipi et ses affluents traversent le grand bassin de l'Ouest qui a une superficie de un million et quart de *miles* carrés, et un réseau de navigation intérieure de vingt mille *miles*. Un navire à vapeur partant de Pittsburg, en Pensylvanie, à quatre cent-cinquante *miles* de New-York, dans l'intérieur des terres, et à deux mille *miles* de la bouche du Mississipi, qui suivrait ces routes liquides, et retournerait à son point de départ, dans cette capitale enfumée du fer et de l'acier, parcourrait une distance beaucoup plus grande que s'il avait fait le tour du monde. Durant tout ce trajet, il ne serait arrêté par aucun employé du gouvernement, et, ne serait soumis à aucun droit. Le pavillon sous lequel il navigue, assure un libre passage au navire et à sa cargaison; il ne paye aucun droit d'aucune sorte, parce que les citoyens du continent tout entier jouissent des bienfaits d'une liberté de relations absolue. Quand on considère les influences qui concourent à l'union des peuples, on doit attribuer une grande importance à celle-ci : Cinquante-six millions d'habitants qui occupent un territoire présentant des différences de climat si grandes que l'on y trouve tout ce qui est nécessaire aux besoins de l'homme, échangent leurs produits, sans surveillance et sans droits. A coup sûr, c'est là le plus magnifique exemple de Libre-Echange que le monde ait jamais vu. Il serait dificile d'assigner des bornes aux effets bienfaisants d'une constitution qui garantit ainsi à chaque membre de la vaste confédération des relations commerciales absolument libres.

Qu'on la considère, au point de vue économique, ou, au point de vue plus élevé de son influence sur l'unité et la fraternité des peuples, cette liberté de commerce sans restriction, est un des éléments les plus puissants de conservation de l'Union. Si chacun des trente-huit États du continent américain taxait les produits des États voisins, la Grande République ne tarderait pas à se fractionner en trente-huit factions guerrières. A celui qui douterait que le Libre-Échange soit une garantie de paix, je recommande l'étude du système de Libre-Échange de l'Amérique.

Les chemins de fer bien qu'étant une création des hommes, ont sur l'union des habitants plus d'influence encore que les grandes voies d'eau naturelles. Cent trente millle *miles* de chemins de fer — plus qu'il y en a dans l'Europe entière — traversent le pays, dans toutes les directions, et relient les diverses parties de la nation, avec leurs bandes d'acier. Le voyageur se rend de l'Atlantique au Pacifique, soit un parcours de trois mille *miles*, ou de New-York à New-Orléans, dans le même hôtel roulant, sans jamais en sortir. Il y est logé et nourri, il y trouve tout ce dont il a besoin.

Sept cent-soixante mille *miles* de télégraphe, assez pour faire trois fois le tour de la terre — les nerfs de la République — frémissent nuit et jour, en transmettant les messages privés ou commerciaux. Le jeune homme du Massachusetts n'est pas séparé du toit paternel quand il se trouve sur sa ferme du Colorado ; il en est de même de la jeune fille de New-York qui a épousé un planteur et est allée créer une nouvelle famille dans le Texas. Une communication constante entre les familles et de fréquentes visites créent, entre elles, de la sympathie et les tiennent unies. Les Américains emportent les *Stars and Stripes*, avec eux, partout où ils s'installent et conservent l'unité de la nation.

Au cours de sa brève existence, la République eut à surmonter deux grands dangers, dont un seul aurait suffi à prendre au dépourvu la sagesse et la résistance de tout autre système politique, reposant sur une base moins large et moins indestructible que l'égalité absolue des citoyens. L'Etat enfant se trouva aux prises avec l'esclavage, vipère qui la rongeait au cœur, et qui se développpa en même temps que la République se développait, au point de devenir un danger pour son existence même. Enroulée autour de chaque jointure et de chaque partie du corps politique, suçant toute la force morale de la nation, le pouvoir esclavagiste, dans un effort pour étendre sa funeste influence, commit heureusement, certain matin, le péché qu'un Américain ne pardonne jamais. Il tira sur le drapeau. Béni soit ce coup de feu ! Il était nécessaire pour avertir la conscience nationale que, non seulement la liberté et l'esclavage étaient des forces sociales antagonistes qui ne pourraient jamais s'unir, mais que l'esclavage, en tant qu'institution politique, était incompatible avec l'idée républicaine. Ce coup de feu tiré, un beau matin ensoleillé sur le drapeau qui flottait gaiement au-dessus des remparts de Fort Sumter, ne laissa aux patriotes aucun recours. Un frémissement parcourut les États-Unis, d'un bout à l'autre et, les hommes de tous les partis mirent leur vie, leur fortune et leur honneur au service de l'unité de la République, comme avant, ils les avaient mis au service de son indépendance.

Le monde entier sait comment ils s'acquittèrent de cette noble tâche. L'épée de la République, tirée en défense de la justice, fut remise au fourreau seulement après que tous les esclaves furent devenus des citoyens et eurent obtenu la jouissance de tous leurs droits civiques.

La seconde source de dangers se trouvait dans les millions d'étrangers qui, de tous les pays, accouraient aux rivages hospitaliers de la République, la plupart ignorant la langue anglaise, et tous inaccoutumés à l'exercice des devoirs politiques. Si un nombre aussi considérable d'immigrants s'était tenu écarté de la vie nationale, avait formé des cercles isolés, ou si ces immigrants n'étaient venus en Amérique que pour gagner de l'argent et retourner dans leur pays natal, ils eussent immanquablement causé un grand dommage aux États-Unis.

La générosité — je peux bien dire l'inconcevable générosité — de la République, à l'égard de ces gens méritait une récompense. Elle gagna leur affection en leur offrant en échange de leur *subjectship* le bienfait de *citizenship*. A ces nouveaux habitants, à qui l'égalité de privilège avait été refusée chez eux, la République offrit l'égalité complète ; elle ne se contenta pas de dire : « Restez avec nous. » Elle leur dit : « Soyez des nôtres ». Quand ils atteignent les rivages de la République, ils sont *sujets* (le mot insultant !) ; la République en fait des *citoyens*. Ils sont serfs, elle en fait des hommes. Leurs enfants, elle les prend doucement par la main et les conduit aux écoles publiques qu'elle a fondées pour ses propres enfants ; elle leur offre gratuitement une bonne éducation primaire, le plus précieux des dons que sa main puisse conférer à des êtres humains. C'est là le « don de bienvenue » de la Démocratie, aux nouveaux venus. Comment l'immigrant pauvre ne s'éprendrait-il pas avec passion de sa nouvelle patrie, passion mélangée, hélas ! de sentiments d'amertume, à l'égard du pays natal qui l'avait privé de ses droits d'homme. C'est ainsi que le danger est évité. L'homogénéité de la population est assurée.

L'unité des habitants de l'Amérique est aussi puissamment favorisée par le système politique

qui a pour base l'égalité des citoyens. Dans toutes
les lois, on ne saurait trouver trace d'un privilège. Le droit d'un homme est le droit de tous
les hommes. Le drapeau est la garantie et le symbole de l'égalité. Les gens ne sont pas « emas-
culés » par l'idée que leur propre pays décrète
leur infériorité, et les considère comme indignes
de privilèges accordés à d'autres. Pas de rangs,
pas de titres, pas de dignités héréditaires, et
par suite pas de classes. Le suffrage est universel, et tous les votes ont le même poids. Les
représentants sont payés. Chacun peut donc
entrer dans la vie politique et se rendre utile
au pays. Tout cela crée une communauté d'intérêts et d'aspirations qu'un Anglais accoutumé à des institutions monarchiques et aristocratiques qui divisent les gens en classes
ayant des intérêts, des aspirations, des pensées,
et des sentiments différents, peut difficilement
comprendre.

Les écoles communes gratuites, sont peut-
être, tout bien considéré, le facteur qui contribue le plus à former la nouvelle race américaine.

Les diverses races se fondent dans le creuset
d'une bonne éducation générale anglaise, four-
nie gratuitement par l'Etat. Les enfants d'Irlandais, d'Allemands, d'Italiens, d'Espagnols

et de Suédois, se trouvent côte à côte avec l'Américain né dans le pays. Tous ces éléments constituent une race ayant le même langage, les mêmes pensées, la même sensibilité et le même patriotisme. L'enfant irlandais perd son patois et l'enfant allemand apprend l'anglais. Les idées propres aux systèmes féodaux d'Europe, dont les enfants ont hérité de leurs pères, disparaissent comme des scories, pour ne laisser que l'or pur du seul symbole politique qui soit digne de l'humanité: « Tous les hommes naissent libres et égaux ». Ils apprennent à vivre et à travailler, pour le bien public, non, pour l'entretien d'une famille royale et d'une aristocratie hautaine, et pour le maintien d'une organisation sociale qui les place au-dessous d'une classe arrogante de bourdons. Les fils de serfs russes ou allemands, de fermiers irlandais chassés de leurs maisons, de *scrotchers* écossais et d'autres victimes de la tyrannie féodale, sont changés en républicains. Ils ont au cœur le même amour pour le pays qui donne à tous ses enfants, sans aucune distinction, l'égalité des droits et des privilèges. Il n'existe pas de gens plus ardemment patriotes et dévoués à la république que les citoyens naturalisés et leurs enfants. Le citoyen né en Amérique ignore la valeur des droits dont il a toujours joui. Seul, l'homme né à l'étranger, comme j'y suis né, peut comprendre la vraie signification du mot : République.

L'éducation gratuite a donné aux Américains le goût de la lecture. Et ce goût, grâce à la presse, concourt aussi à développer, parmi les millions d'Américains, l'unité de sentiments et d'aspirations. Huit mille journaux répandus dans le pays reçoivent les nouvelles, en même temps. Tous les Américains lisent ces mêmes nouvelles, le même matin, et discutent les mêmes questions. De la sorte, l'homme de San Francisco est aussi rapproché de son concitoyen de Saint-Paul, de la New-Orléans et de New-York, que l'habitant de Londres l'est de l'habitant de Birmingham, de Manchester, de Liverpool ou d'Édimbourg, et infiniment plus rapproché que l'habitant de Belfast et de Dublin. La balle du fou qui tua le président Garfield, eût-elle pu voyager aussi loin, aurait été devancée par les messagers électriques qui portèrent la triste nouvelle au village le plus éloigné du continent. Le coup frappé dans la matinée courba, avant le coucher du soleil, cinquante-six millions de gens, sous le poids de la douleur.

Toutes ces causes ont contribué à la formation d'une grande nation homogène, de même race, de même langue, ayant la même littérature, les mêmes intérêts, le même patriotisme. Cet empire est si puissant et si vaste qu'il n'a besoin, pour assurer sa sécurité, ni d'armée ni de marine; son peuple est assez instruit et avancé pour comprendre la valeur de la paix.

Celui qui étudie les affaires d'Amérique ne voit nulle part à l'œuvre d'autres influences que celles qui concourent à une union de plus en plus étroite. La République a trouvé le moyen de gouverner d'immenses étendues, au moyen du système fédéral, ou « home rule ». Elle a prouvé au monde que plus le self-gouvernement des parties est développé, plus le gouvernement central est fort.

LE PEUPLE AMÉRICAIN (1)

La biologie nous enseigne que le mélange des diverses variétés de la race aryenne dont se compose la population américaine produira un type d'homme supérieur à celui qui a existé jusqu'ici, un type plus plastique, plus adaptable, plus capable de subir les modifications nécessaires à une vie sociale plus complète. Je pense que, quelles que soient les difficultés et les tribulations que l'avenir leur réserve, un jour viendra où les Américains auront produit une civilisation plus complète que toutes celles qui ont jamais existé.

(Herbert SPENCER).

Le peuple Américain a le bonheur d'être essentiellement Anglais. J'espère qu'il sera

(1) Voir appendices.

éternellement reconnaissant de ce suprême
bienfait. Dans l'assertion de l'historien de la
conquête normande que la principale différence entre le Breton et l'Américain, c'est que
le premier n'a traversé qu'un océan et que le
second en a traversé deux, il y a quelque chose
de plus que les mots ; il y a une vérité parfaitement démontrable. Il y a deux siècles et demi,
la population américaine était anglaise, avec
un très léger appoint de Français et de Hollandais. En 1776, quand les colonies révélèrent
au monde cette grande vérité que « tous les
hommes naissent libres », et qu'ils fondèrent
une république indépendante, sans roi ni aristocratie, ni aucun des maux politiques du
passé, leur population avait atteint trois millions. En 1840, elle s'était élevée, presque
entièrement par augmentation naturelle, à
quatorze millions de blancs. Il existait alors
trois millions d'esclaves de couleur. Ces quatorze millions de blancs étaient presque exclusivement d'origine anglaise, ainsi que le prouve
l'insignifiance de l'immigration jusqu'à cette
époque. Avant 1820, quand les premières statistiques furent établies, on estimait que le
nombre total des immigrants, n'excédait pas
deux cent cinquante mille, presque tous
Anglais. Entre 1820 et 1830, il en arriva

cent quarante-quatre mille, et durant les dix années suivantes, six cent mille, également, presque tous Anglais. L'exode des Allemands et autres peuples du continent n'avait pas encore commencé. Ce fut seulement après 1840 que l'immigration fonctionna sur une vaste échelle.

Partant donc de 1840, avec une race presque entièrement anglaise, nous allons rechercher les *ingrédients* qui ont contribué à former l'Américain d'aujourd'hui, à faire de lui un type différent de l'Anglais, mais Anglais tout de même, malgré cette différence.

Le nombre total des immigrants, entre 1840 et 1880, était un peu supérieur à neuf millions ; parmi eux il y avait 50 0/0 d'Anglais. Notez bien ceci : de tous les courants venus de l'étranger pour grossir la population américaine, le plus puissant vient des îles anglaises. Mère glorieuse ! Elle alimente son enfant avec le sang de son cœur.

La situation peut être établie en chiffres ronds (1) de la façon suivante :

(1) Ces chiffres sont obtenus en comptant le nombre des gens nés dans le pays et les immigrants, chaque année, à partir de 1840, et ajoutant 5 0/0, ce qui est environ le taux naturel de l'augmentation.

Le nombre des naissances, et des immigrants arrivant l'année

D'origine presque purement
anglaise, en 1840. . . . . 14.196.000
Augmentation à raison de 3 0/0
par an jusqu'en 1880. . . 11.850.000
Immigration anglaise de 1840 à
1880, avec une augmentation
naturelle évaluée à 3 0/0 par
an, sur les arrivées de chaque
année, jusqu'en 1880. . . 9.175.000
Immigration non anglaise de
1840 à 1880, avec une augmentation évaluée à 3 0/0 par
an, comme avant. 7.506.000
                            ____
                            42.727.000

Ainsi l'Américain d'aujourd'hui est certainement Anglais, pour plus des quatre cinquièmes.
L'autre cinquième est surtout Allemand.
Plus de trois millions de ces citoyens instruits, économes, respectueux des lois, sont
arrivés, de 1840 à 1880, presqu'en aussi grand
nombre que les Irlandais. L'immigration des
pays autres que l'Angleterre et l'Allemagne
mérite à peine d'entrer en ligne de compte.

suivante, est alors ajouté, plus encore 3 0/0, et ainsi de suite jusqu'en 1880. Les chiffres ont été soigneusement vérifiés, et l'on
suppose que, par ce moyen, on est arrivé à la vérité, puisque le
census de 1880 donne 43.475.000 de blancs, soit légèrement plus
de 3 0/0 par an.

Durant les quarante années dont je viens de parler, le nombre total de ces immigrants fut d'un peu plus d'un million. La France, la Suède, la Norwège en ont fourni environ chacune trois cent mille. Mais ce sang non anglais a joué dans la formation du caractère national un rôle inférieur même à son influence proportionnelle, surtout dans la phase politique, parce que la langue, la littérature, les lois et les institutions étaient anglaises. On doit néanmoins reconnaître que le léger mélange de ces races étrangères est un avantage très réel pour la nouvelle race — car la race anglaise elle-même est améliorée par un léger croisement. Donnez-moi une base anglaise, le mangeur de roastbeef, le lourd — ou si vous voulez — le stupide esprit du Philistin qui était l'aversion de Mathieu Arnold, à peine ouvert à la douceur et à la lumière de la vie, lent comme un éléphant, dur comme un rhinocéros, entêté comme une mule et tout aussi rétif, mais doué d'une nature honnête, courageuse, de bonne volonté. et par-dessus tout, franche. Une étrange combinaison du lion et de l'agneau que cet insulaire — sauvage et sentimental, tout à la fois. « Voici une belle journée, si nous allions tuer quelque chose », crie le sauvage. C'est là sa remarque journalière, durant des mois, et

aussi sa pratique journalière. Même l'Anglais
le plus instruit (avec quelques rares exceptions
du type Spencer, Balfour et Arnold) n'a pu
encore s'élever, dans ses plaisirs, au-dessus du
massacre d'oiseaux à moitié apprivoisés « pour
le plaisir de la chose ». Et pourtant leur héros
typique, mourant sur le pont du *Victory*,
murmure : « Embrasse-moi, Hardy », aussi
doucement qu'une femme, et passe dans la
demeure des héros, avec un baiser de héros
sur les lèvres. Et l'antipode de Nelson ; l'énorme
Jak Falstaff — pour montrer combien les extrê-
mes se touchent — comme il nous quitta !
Tous ces mastifs ont une sensibilité bien réelle.
Leur trait distinctif est *par excellence*, celui
dont l'absence nous fait dire à une race ou à un
homme : « Instable comme l'eau, tu resteras
médiocre ». Le « Breton » est stable. Ce qu'il
entreprend, il le fait, ou il meurt en essayant
de le faire. Sa particularité, c'est la concentration. Il avance lentement, mais, comme une
roue d'engrenage, il conserve chaque pouce
qu'il gagne. Jamais il ne recule ; jamais non
plus il ne va de côté. La tortue bat le lièvre
parce que le lièvre zigzague. John Bull ne
zigzague pas. Il ne lui plaît pas de tourner la
montagne, même quand c'est le chemin le plus
commode ; il la perce. Un chasseur attaqué

par un ours avait trouvé une sûreté temporaire, en le saisissant par la queue et en tournant avec lui. Il criait à son compagnon de venir à son secours et de « l'aider à lâcher » cette bête trop affectueuse. A ce signe nous reconnaissons que cet homme n'était pas un *Bristisher*, jamais il ne vient à l'esprit d'un vrai *Briton* qu'il puisse lâcher quelque chose, s'il n'y est pas contraint. Il aurait lutté avec l'ours jusqu'au bout « obligé qu'il était de continuer la lutte, dans ces conditions, même si elle devait durer tout l'été », comme disait le général Grant. Notez bien, mes compatriotes, que c'était un Grant. Le sang écossais courait dans les veines de cet homme tenace, maître de lui-même, opiniâtre, qui ne voulait jamais en démordre, toujours certain de la victoire finale, parce qu'il savait qu'il ne pourrait, l'eût-il voulu, se soustraire à la tâche qu'il avait entreprise. Toute retraite était contraire à sa nature. Ce trait dominant de la race anglaise brille dans Lincoln, le plus grand génie politique de notre ère; — le plus grand, qu'on le juge par ses qualités morales, ou par les résultats matériels de son administration. Bismarck lui-même, dans sa réorganisation de l'Allemagne, se trouvait en présence de forces infiniment moins importantes, moins gigantesques que celles que

Lincoln avait à diriger. Bismarck n'a pas
atteint le plus haut degré du succès politique,
puisqu'il n'a pas fondu, en un tout homogène,
les gens qu'il avait unis. Son arme était la
force ; sa devise « Sang et Fer ».

Même, en temps de paix, il ne dominait que
par la force brutale. Lincoln, en temps de paix,
était généreux, conciliant, doux et clément ;
en temps de guerre, il était inébranlable. Bismarck excitait la crainte des masses, Lincoln
gagnait leur amour. L'un était un rude conqué-
rant ; l'autre était le guide des plus hautes et
des meilleures aspirations de son peuple. Pour
le monarchiste Bismarck « le droit, c'était la
force » ; pour le républicain Lincoln, « la force,
c'était le droit ». Telle est la différence qui les
sépare. Aussi la renommée de l'un sera éphé-
mère, celle de l'autre immortelle.

L'Américain a eu la chance de trouver dans
l'Allemand, le Français et les autres races qui
ont contribué à le former, les éléments qui manquaient à sa nature, pour devenir plus douce
que celle de l'original « Briton ». A ce léger
mélange de sang étranger, et à l'effet stimulant
d'un climat plus vif (si stimulant qu'un Anglais
de mes amis disait que la tempérance n'est pas
une vertu chez les Américains puisqu'ils respirent
du champagne), au jeu plus actif des forces,

dans un nouveau pays jouissant d'institutions politiques qui donnent aux hommes toute leur valeur, il faut attribuer la faculté observée en l'Américain par Mathieu Arnold, de penser plus juste, de voir plus clair, et d'agir plus rapidement que l'Anglais. Le trait dominant de l'Américain, c'est la logique. Il saisit le fond des choses, et va droit à la conclusion. Il désire que chaque chose soit tracée à la règle et au compas, que ses institutions politiques soient « fair all around », ne comportant ni avantages, ni désavantages, mais l'égalité pour tous.

La tolérance chez l'Anglais est vraiment admirable. Un chef radical ou un chef tory-democrat se rencontrent à la même table et peut-être un jour, se rencontreront, dans le même cabinet. Les Américains ont plus de tolérance encore. La politique ne les divise jamais. Une fois tous les quatre ans, ils s'échauffent et prennent parti. Des foules batail-lent pour leurs idées. Un étranger s'imagine-rait que seule la violence peut sortir de ces luttes, quel que soit le vainqueur. Le matin qui suit l'élection, les adversaires se frap-pent sur l'épaule et se plaisantent mutuel-lement. Tout redevient aussi calme qu'une mer d'été. L'Américain combat les *rebelles*, pour quatre ans, et aussitôt qu'ils ont déposé leurs armes, il les invite à ses banquets. Pas une vie n'est sacrifiée à sa vengeance. Jefferson Davis, ancien élève de l'Académie militaire nationale, qui trahit son pays, fut autorisé à traîner ses tristes jours dans un oubli mérité. Pas une goutte de sang de martyr n'est venue irriter le Sud indocile, et engendrer l'esprit de vengeance. « Nous donnerons à l'humanité, dit le secrétaire Seward, un exemple de magnanimité, tel qu'il n'en a jamais vu. » Il n'avait pas derrière lui une monarchie, une aristocratie, ou une classe militaire réclamant des sacrifices, pour apaiser Leur Majesté offensée, mais une démocratie dont les instincts généreux réclamaient le pardon. L'Américain ne garde jamais de ressentiment; il est toujours prêt, non seulement à pardonner mais à oublier. Notre humoriste observe avec raison que : « l'homme qui pardonne, mais n'oublie pas, cherche à s'acquitter de sa dette envers le Seigneur, avec un escompte de cinquante *cents* par dollar ». Frère Jonathan paye le dollar tout entier.

L'amour de la musique, généralement très répandu en Amérique, a été apporté par l'élément allemand et continental. Dans l'Allemand, en plus du flegme du *Briton*, il y a une partie « sensible aux belles choses ». Il aime la musique, il est hautement sociable, et n'est jamais mieux qu'au sein de sa famille. Surtout, il est instruit et il a d'excellentes habitudes, il est patient, industrieux, pacifique, et respectueux des lois. Une autre caractéristique importante de cette race, c'est l'empressement avec lequel elle a adopté les idées américaines. La plupart des Allemands ont déjà accompli ce changement, avant de s'embarquer. Ils aiment leur pays natal, mais ils détestent ses institutions. Le joug du prince de Bismarck n'est ni léger, ni commode à porter. Le service obligatoire pour tous, l'impôt du sang des monarchies, est bien fait pour donner à réfléchir à l'élite des hommes énergiques et vigoureux, sur la situation politique. Oh ! Amérique, avec l'égalité de tes lois, de tes privilèges, et l'auréole de paix qui éclaire ton front, que tu sembles belle et captivante, aux masses écrasées de l'Europe ! Quelle tentation d'abandonner son propre pays, pour avoir sa part d'un si bel héritage, tu offres à l'homme le plus patriote ! L'émigrant peut ne pas réussir dans le nouveau pays, ou réussir à la façon de cet Irlandais qui, à un ami lui demandant si la République était un bon pays pour l'homme pauvre, répondit : « Certes, oui. Regardez-moi : quand j'y arrivai, je n'avais pas un haillon sur le dos, et maintenant j'en ai assez pour me couvrir ». Beaucoup de nouveaux arrivés échouent, beaucoup auraient mieux réussi dans le pays qu'ils ont quitté. L'Amérique ne convient qu'aux gens d'élite. C'est une ruche où il n'y a pas de place pour les bourdons.

. . . .

La République ne donne pas toujours la richesse ou le bonheur. Elle ne les a pas promis. La déclaration des Droits de l'homme revendique pour les citoyens le droit de prétendre à ces avantages, et non le droit d'en jouir. Mais si la République ne donne pas à l'émigrant le bonheur et la prospérité, elle fait de lui un *citoyen*, c'est-à-dire un homme.

Le Français n'est pas un *animal migrateur*. C'est un grand honneur pour l'Amérique que d'avoir attiré trois cent mille de ces Gaulois sédentaires. Ce nombre est si petit que l'influence française sur le caractère national est insignifiante. Les Français sont les cuisiniers et les *Epicures* du monde. L'Amérique leur est redevable de bonne cuisine, des « Delmonicos », restaurants français qu'on trouve dans les principales villes. Autrefois nos cuisiniers n'étaient ni Français, ni formés par des Français. Encore aujourd'hui, à l'ouest de Chicago, la cuisine est abominable. Grâce aux Français, elle s'améliore rapidement. Jamais la nature n'a fourni à aucune nation, une si grande variété de nourriture, mais jamais pays civilisé n'a fait d'aussi mauvaise cuisine.

Pour le costume féminin — les quelques gommeux du sexe mâle affectent les modes anglaises — nous devons beaucoup à l'influence française. Tous mes amis d'Angleterre estiment que la femme américaine s'habille infiniment mieux que sa sœur anglaise. L'honneur de ce verdict flatteur revient à la France.

Aucune autre race que la race française et la race allemande (cette dernière comprend les Suédois et les Norvégiens, qui sont aussi des Teutons), ne s'est installée chez nous, en nombre suffisant, pour exercer sur notre caractère national la plus légère influence.

Certains auteurs étrangers ont soutenu que la race américaine était incapable de se suffire à elle-même et que son avenir dépendait de l'immigration. Ils sont contredits par les faits. Sur les cinquante-six millions d'Américains vivant à ce jour, les sept huitièmes, ou quarante-neuf millions, sont nés en Amérique. Un huitième seulement, ou sept millions, a vu le jour en pays étranger. La population de couleur est à peu près égale à cette dernière. Voici, d'après le *census*, l'augmentation de la population

américaine : de 1850 à 1860, 32 1/3 pour cent ;
de 1870 à 1880, 31 1/4 pour cent. Dans aucun
pays d'Europe l'augmentation n'approche de
ces chiffres, qui sont à peu de chose près les
chiffres moyens, pour la population américaine
entière, indigène ou étrangère. N'est-ce pas là
une excellente preuve que l'Américain né en
Amérique est aussi prolifique que l'étranger
né en Amérique, et que tous deux sont plus
prolifiques que les habitants de tout autre pays
étranger ? Malgré le nombre énorme d'immigrants qui, chaque année, arrivent dans le
pays, les naissances sont sept à huit fois
plus nombreuses que les arrivées d'étrangers.
J'ajoute, que, comme nous l'avons déjà vu,
plus de moitié des arrivants sont Anglais ; de
sorte que les Américains deviennent, sous le
rapport de l'origine, de plus en plus Anglais.

Il n'en reste pas moins que l'immigration
étrangère annuelle a pour l'Amérique une
importance qu'on ne saurait trop estimer.
Durant les dix années qui se sont écoulées de
1870 à 1880, le nombre des immigrants a été
en moyenne de deux cent quatre-vingt mille
par an. En 1882, il en arriva près de trois fois
ce nombre (789.000). Soixante pour cent
(473.400) de cette masse se composait d'adultes,
entre quinze et quarante ans. Les adultes

valaient $ 1.500 chacun — tel était autrefois la valeur d'un bon esclave. Cela faisait $ 710.000.000 auxquels on peut, en toute confiance, ajouter $ 1.000 par tête, ou $ 315.000.000 pour les derniers quarante pour cent du total des immigrants. De plus, on compte que chaque immigrant apporte, en moyenne, $ 125. En calculant sur cette base, la valeur de l'argent apporté par les immigrants, en 1882, dépassait $ 1.125.000.000. A la vérité, 1882 était une année exceptionnelle, mais la moyenne de l'augmentation annuelle de la richesse de la République, du fait des immigrants, est aujourd'hui deux fois aussi grande que le produit total de toutes les mines d'or et d'argent du monde entier. Les propriétaires de ces mines seraient obligés d'envoyer au trésor de Washington, à leurs frais, chaque once du métal précieux produit, que la richesse nationale n'en serait pas augmentée moitié autant que par l'immigration annuelle.

La valeur de ces envahisseurs pacifiques n'est pas toute dans leur nombre et dans la richesse qu'ils apportent. Pour arriver à une estimation juste, il faut aussi prendre en considération la supériorité de caractère de ceux qui émigrent. De même que les hommes qui fondèrent la République américaine étaient des

extremists, des fanatiques, si vous voulez, —
des hommes ayant, intellectuellement, morale-
ment et politiquement des vues avancées, des
hommes que l'Europe avait rejetés comme dangereux, — de même, la plupart des immigrants d'aujourd'hui sont des hommes qui quittent leur pays parce qu'ils sont mécontents de
leur situation et qui viennent chercher chez
nous, dans un nouveau milieu, les occasions
de réussite qu'ils ne trouvent pas chez eux.
Les vieillards et les indigents, les paresseux et
les satisfaits n'affrontent pas une mer orageuse;
ils mènent chez eux une vie impuissante.
L'homme qui émigre est un homme intelligent,
énergique, ambitieux, mécontent — un sectaire,
un réfugié, un persécuté, un ennemi du despotisme, — qui a soif de liberté et qui, pour la
trouver, n'hésite pas à s'arracher à sa demeure
et à se rendre dans l'Amérique hospitalière.

Les classes dirigeantes du vieux monde
connaissent bien la valeur des hommes qui
émigrent et elles ne négligent rien pour prévenir leur exode. Ce n'est pas qu'elles craignent
un vide dans la population, car la preuve con-
cluante a été faite que l'émigration ne ralentit
pas le mouvement de la population, pourvu,
bien entendu, que les départs n'excèdent pas la
fécondité naturelle de la race humaine. Leur

crainte vient de ce qu'elles savent de façon certaine que ces départs représentent l'élite de la population. Heureusement pour l'Amérique, les efforts pour les arrêter n'ont eu que des résultats insignifiants. Le flot ininterrompu de *Britons*, de Teutons et de Latins, grossit d'année en année. Aussi longtemps que l'Amérique offrira au monde le spectacle d'un pays possédant un gouvernement fort quoique libre, où l'ordre social règne, où les impôts sont à leur minimum, où chaque homme a droit à l'instruction, où le travail et l'esprit d'entreprise reçoivent de plus hautes récompenses qu'ailleurs, où l'égalité des droits politiques est garantie, aussi longtemps que tout cela existera, l'élite des travailleurs s'y rendra. Avec le temps, une partie du courant pourra se diriger vers d'autres pays qui offriront des avantages politiques et matériels égaux, mais les États-Unis conserveront l'avantage d'avoir reçu le courant depuis plus d'un demi-siècle, — et l'on sait que les émigrants sont portés à suivre les traces de ceux qui les ont précédés. Les émigrants déjà installés attirent leurs amis, leurs parents, et souvent ils leur fournissent les moyens de traverser l'Océan.

L'émigrant, en plus de l'ambition, de l'énergie et de l'activité, possède la force et la santé.

Le boiteux, le sourd et l'aveugle, ne sont pas enclins à quitter leurs séjours d'Europe, et il est rare qu'un homme atteint de maladie invétérée aille chercher sa tombe dans un pays étranger. Cet état de choses qui n'a cessé d'exister depuis les *Pilgrim Fathers*, a eu pour résultat d'assurer à l'Amérique une race d'hommes presque entièrement sans tares physiques. Les statistiques montrent que la proportion des aveugles, des sourds et dés muets est moitié moins forte qu'en Europe.

Pour comprendre comment l'Amérique peut absorber les immigrants qui lui arrivent et aussi la grande augmentation naturelle de ses habitants, il faut avoir recours à une comparaison. La Belgique a quatre cent quatre-vingt-deux habitants par kilomètre carré, l'Angleterre deux cent quatre-vingt-dix, les États-Unis, à l'exception de l'Alaska, en ont moins de quatorze. Dans les dix années, entre 1870 et 1880, onze millions et demi d'habitants ont été ajoutés à la population américaine. Cette augmentation n'ajouta que trois personnes à chaque *mile* carré. Si l'Amérique continuait à doubler sa population tous les trente ans au lieu de tous les vingt-cinq ans, comme elle l'a fait jusqu'à ce jour, soixante-dix ans s'écouleraient encore avant qu'elle atteignît la densité de l'Europe. Sa population s'élèverait alors à 290 millions. Si elle atteignait jamais la densité de l'Angleterre, il y aurait plus de mille millions d'Américains, car, à l'heure actuelle, chaque Anglais possède *2 acres* de terrain et chaque Américain *44 acres*.

Ces suppositions ne sont pas seulement des possibilités ; elles sont des probabilités. Les progrès faits depuis 1880 dans la colonisation de nouvelles régions dépassent tous les résultats des périodes précédentes. Ils sont tout bonnement merveilleux et ceux qui les voient ont de la peine à en saisir toute l'étendue. Examinons le grand North-West. Il y a à peine dix ans, il n'était connu que comme une plaine stérile et glacée, sauvage, inhospitalière, à peine habitable. Le chemin de fer l'a transformé, comme par un coup de baguette magique. Le Minnesota a plus d'un million d'habitants. La population du Dakota a quadruplé en cinq ans, elle est maintenant d'un demi-million. Des villes y surgissent avec une rapidité féérique. La récolte de céréales, l'année dernière, fut de 30 millions de *bushels* — deux fois autant que la récolte d'Egypte.

En Angleterre, nous connaissons à peine le Montana. L'année dernière — en douze mois —

sa population passa de 85.000 à 110.000 ; son rendement en bétail de 475.000 à 850.000, et sa production de minéraux de moins de $ 10.000.000 à plus de $ 23:0000.00. Les biens soumis à l'impôt sont évalués à $ 50.000.000. Les États de Wyoming, d'Idaho, de Washington et de l'Orégon se développent presque aussi rapidement. D'autres parties de l'Ouest ont marché d'un pas plus rapide encore. La population réunie de sept états tributaires de Kansas City, a passé, dans une année (1879-1880), de moins de 5 millions 1/2 à plus de 7 millions. Depuis 1880, la valeur du bétail, dans les mêmes régions a passé de $ 9.000.000 à $ 14.500.000 ; celle des moutons de $ 6.000.000 à $ 9.500.000. Avec de telles augmentations, le « Wild West » devient rapidement une chose du passé, et dans quelques années, il aura une population très dense.

Les chiffres sont bien insuffisants pour faire comprendre certaines grandes vérités. Comparez la superficie du Texas à celles d'autres États américains et pays étrangers. Combien, la plupart de ceux-ci semblent mesquins à côté du majestueux Texas ! Et pourtant le Texas n'est qu'une des quarante-six divisions territoriales de la République. Examinez le Monténégro qui, à diverses reprises, a ému toute l'Europe et a fait verser tant de sang. Sur la carte du Texas, il apparaîtrait à peine gros comme une mouche. Je vous prie de noter également que le Royaume-Uni, tout entier, pourrait tenir dans ce simple État de l'Union et qu'il y aurait encore de la place autour. Remarquez également que la production de coton du monde entier pourrait être récoltée dans le seul État de Texas, sans nuire beaucoup à ses autres productions. On peut sans trop d'exagération, supposer que dans quelques dizaines d'années, trois cent millions de républicains vivront amicalement, sous les mêmes lois, dans le grand continent américain.

Quand on songe à ces saisissantes probabilités, il semble que les hommes d'État du vieux pays, au lieu de consacrer toute leur attention aux petits États de l'Europe, feraient bien de regarder de temps en temps vers l'Ouest et de s'occuper des faits et gestes de leurs parents et amis qui élèvent rapidement une puissance avec laquelle nulle autre ne peut rivaliser.

Nous ne devons pas oublier nos compatriotes d'origine africaine dont le nombre, comme nous l'avons vu, égale celui de la population étrangère toute entière — un huitième du tout. Il y a quelques années, ils étaient encore esclaves. C'est Abraham Lincoln qui, d'un trait de plume, transforma ces esclaves en hommes libres. Aujourd'hui, ils jouissent du droit de vote exactement comme les autres citoyens. Il n'est pas un privilège qu'ils ne partagent pas. Le poète anglais s'exprime ainsi:

« Des esclaves ne peuvent vivre en Angleterre. Dès que leurs poumons respirent notre air, ils sont libres. Ils mettent le pied sur notre sol et leurs fers tombent. »

Des esclaves ne peuvent non plus vivre dans le pays fondé par l'Angleterre. La Déclaration d'Indépendance, qui proclame la liberté et l'égalité des hommes, n'est plus une dérision.

Quand la liberté fut, tout d'un coup, accordée à ces pauvres esclaves, on apréhendait fort qu'ils n'en abusassent. Ceux qui les connaissaient le mieux, les propriétaires d'esclaves du Sud, affirmaient que le résultat serait une paresse universelle, l'insurrection et la dissipation, que le nègre ne pouvait travailler que sous la menace du fouet du surveillant. Aucune de ces sombres prédictions ne s'est réalisée ; toutes ont été démenties. Il y a maintenant davantage de coton, et il coûte moins. Sous le régime de la liberté, les ressources matérielles du Sud se sont accrues plus rapidement qu'avant. Un grand nombre d'Américains furent si surpris des résultats du dernier *census* qu'ils prétendirent que des erreurs avaient été commises. Les chiffres pouvaient ne pas être exacts, et, dans certains districts, on procéda à leur vérification. Le nombre des congressistes de chaque État est fixé tous les dix ans, d'après les chiffres du recensement. Quand on procéda au recensement de 1880, chacun pensait que les États du Nord augmenteraient leur représentation proportionnelle. Or, les États du Sud, non seulement se maintinrent, mais gagnèrent. Aux 97 représentants du Sud, 13 furent ajoutés, et aux 195 représentants du Nord, 18 seulement — c'est-à-dire que l'augmentation du Nord était moitié moindre que celle du Sud. Le développement sans précédent des États du Nord-Ouest fut lui-même impuissant à augmenter le pouvoir législatif des États du Nord, dans les mêmes proportions. Tels sont les résultats de la liberté opposés à ceux de l'esclavage.

L'opinion unanime est que les esclaves affranchis acquièrent rapidement les qualités d'hommes libres, et administrent leurs propres affaires avec une étonnante habileté. Beaucoup d'entre eux offrirent immédiatement à leurs anciens maîtres de prendre une partie de la plantation, en métayage. D'autres achetèrent des parcelles de terrain. Ils ont aujourd'hui une excellente conduite et sont bien plus actifs qu'autrefois.

C'était hier, me semble-t-il, que j'étais obligé d'entendre des hommes excellents plaider la cause de l'esclavage — tout comme je suis encore condamné parfois à entendre la défense de la monarchie et de l'aristocratie — et soutenir qu'il était le meilleur régime pour la race noire. On affirmait hautement que les nègres étaient heureux d'avoir des maîtres. Un juge de l'Ohio était célèbre pour sa défense de l'esclavage. Il prétendait que les esclaves étaient les meilleurs juges de ce qui leur convenait le mieux et qu'on devait leur permettre de rester dans une condition que leur procurait un degré de bonheur que les ouvriers du Nord atteignaient bien rarement. Il fut subitement converti à l'opinion contraire par une conversation avec un nègre qui, venant du Kentucky, avait traversé le village habité par notre ami. Il demanda au fugitif :

— Pourquoi vous êtes-vous enfui ?

— Je voulais être libre.

— Vous vouliez être libre ? Vous aviez un mauvais maître, je suppose.

— Oh non ! Mon maître était très bon.

— Vous aviez un travail trop pénible ?

— Oh non. Mon travail était très raisonnable.

— Alors, vous n'aviez pas un « home » suffisant ?

— J'aurais voulu que vous vissiez ma jolie
cabine, dans le Kentucky !

— Peut-être n'aviez-vous pas assez à manger ?

— Oh Monsieur ! pas assez à manger dans
le Kentucky ! J'avais à manger tout mon con-
tent.

Le juge commençait à être quelque peu
agacé.

— Vous aviez un bon maître, de la nourriture en abondance, pas trop de travail, un bon
« home ». Alors, je ne vois pas pourquoi vous
avez pris la fuite ?

— Monsieur le juge, j'ai laissé la situation
vacante. Vous pouvez aller la prendre, si vous
le désirez.

A la suite de cet entretien, le juge donna un
billet de cinq dollars à l'esclave déraisonnable
qui avait laissé le bien-être derrière lui, pour
devenir un homme. Depuis lors, le juge fut un
ardent abolitionniste et reconnut que

La liberté a, en réserve, mille charmes, [jamais.
Que les esclaves, même satisfaits, ne connaissent

La proportion de l'élément noir à l'élément

blanc diminue nécessairement, de plus en plus. En 1790, elle était de 27 pour cent du total ; en 1880, elle n'était que de 30. Tandis que la population blanche totale du pays a passé de 10 millions et demi à 43 millions et demi, en cinquante ans, le nombre des noirs s'est élevé seulement de 2 millions un quart à 6 millions et demi. Cette décroissance continue dépend de deux causes. D'abord, la race de couleur ne reçoit pas d'immigrants ; son augmentation repose entièrement sur les naissances. De plus, il est prouvé que bien que la natalité soit plus forte que celle des blancs, elle est plus que balancée par la mortalité. L'augmentation des noirs, de 1860 à 1880 n'était que de 48 pour cent, contre une augmentation de 61 pour cent de blancs.

Il est trop tôt encore pour juger si, avec une instruction supérieure et des habitudes de prévoyance engendrées par la liberté, cette mortalité excessive ne sera pas considérablement réduite, mais il me semble inévitable que la race noire ne reste, au point de vue numérique, de plus en plus en arrière de la blanche. On ne peut espérer que le climat plus chaud du Sud, dans lequel vivent les noirs, produise une race aussi vigoureuse que les États plus froids du Nord.

La République contient une race d'origine essentiellement anglaise, mais qui devient de plus en plus américaine, grâce aux naissances ; les éléments étrangers sont insignifiants, et sont destinés à devenir bientôt, par rapport aux Américains nés sur place, d'une importance relative, aussi peu considérable que celle des habitants de l'Angleterre, nés à l'étranger, par rapport aux Anglais nés sur place. Le républicain d'Amérique, par son sang et sa nature, est donc bien un vrai « Briton », un « real chip of the old block », une nouvelle édition de l'œuvre originale, édition revue et corrigée comme le sont toutes les éditions.

« CITIES AND TOWNS » (1)

Un homme de la vieille Angleterre ne peut visiter le nouveau pays des siens sans émotion. Son cœur se gonfle, sa fierté de race s'éveille, quand il constate qu'ils ont fait plus que toutes les autres nations pour peupler la terre et la soumettre. Il n'est pas un véritable anglais et il n'a pas la notion de la persistance des liens de famille, celui qui pense que la gloire et la grandeur de l'enfant ne sont pas une part de la gloire et de la grandeur de la mère.

(FREEMAN).

L'Amérique ne forme pas une exception à la règle qui veut que dans les pays civilisés la population se porte vers les grands centres. On pouvait espérer que l'immense développement

(1) Voir appendice.

de son agriculture arrêterait ce mouvement et
retiendrait les habitants dans les districts
ruraux. Il n'en fut rien, malgré les appels à
la vie rurale offerts par des terres fertiles. Les
villes, durant la dernière moitié du siècle, se
sont développées beaucoup plus vite que la
campagne. La vie calme et monotone des fermes semble insupportable au jeune homme dont
les facultés intellectuelles ont été éveillées par
l'instruction. L'esprit actif recherche la compagnie d'autres esprits actifs, et les plaisirs des
villes. Sans doute, la plupart des grands hommes sont nés et ont été élevés à la campagne,
mais très peu y sont restés, après leur vingtième
année. La campagne convient aux extrémités
de la vie, à l'enfant, dont le corps a besoin
d'être fortifié, et au vieillard qui se retire de la
lutte :

> Pour réfléchir dans le calme
> A tout ce qu'il a vu, entendu et fait.

En 1830, seulement six et demi pour cent de
la population vivait dans des villes de huit mille
habitants et au-dessus ; en 1880, la proportion
s'était élevée à vingt-et-un pour cent. Ainsi, à
l'heure actuelle environ une personne sur quatre réside dans une ville qui a plus de huit mille

habitants. Il y a cinquante ans, la proportion était de un sur quinze. Quatorze personnes sur quinze vivaient à la campagne ou dans de petits villages.

C'est là un prodigieux changement qui montre comment la République a passé de la première étape des occupations pastorales aux occupations variées d'un état de civilisation plus avancé. Aujourd'hui la nation forme un tout complet; elle est prête pour une action indépendante. Son génie inventif peut se donner libre carrière dans les milliers de travaux nécessaires à une nation civilisée et qui nécessitent l'agglomération de masses d'hommes.

Malgré tout, l'Américain n'a pas à redouter le développement malsain et anormal des villes. Il n'est point nécessaire qu'il suive l'exemple de ceux qui réclamaient des mesures législatives dans le but d'empêcher le développement de Londres, que Cobbett appelait une *verrue sur la main de l'Angleterre*. Le libre jeu des lois économiques arrange les choses pour le mieux; la population des villes, dans la dernière décade (1870 à 1880) a gagné sur la population de la campagne seulement un quart de plus que dans la décade précédente.

Ah! ces lois naturelles, grandes, immuables, et si sages, avec quelle perfection elles agissent, quand les législateurs veulent bien ne pas s'en occuper ! Mais, non, il faut qu'ils y touchent. Un jour, en Europe, ils veulent établir l'équilibre des puissances, en proclamant l'indépendance de territoires faibles et petits — une tâche impossible, car les petits Etats doivent se fondre dans les grands. Les lois de la gravitation politique sont aussi absolues que celles de la gravitation physique. Un autre jour, en Amérique, les législateurs veulent donner à l'argent une valeur intrinsèque plus grande. Les gouvernants, sur toute la surface du Monde, se livrent à un travail de Sisyphe — sans cesse ils montent au haut de la montagne un rocher qui sans cesse retombe en bas où est sa vraie place.

Si la campagne soutint si avantageusement la concurrence des villes, durant la dernière décade, cela tient en partie aux énormes profits faits par la population rurale, grâce au perfectionnement des méthodes agricoles. La dépression générale de l'industrie mit aussi un arrêt à l'émigration vers les villes, et contraignit les gens à demeurer à la campagne. La panique commerciale de 1873 chassa des centaines de mille de personnes des villes trop peuplées de l'Est vers les plaines inoccupées de l'Ouest. Dès trains chargés d'émigrants américains qui s'en allaient vers l'Ouest, pour devenir des cultivateurs, passaient sans interruption. Avec un retour aux conditions normales, on peut s'attendre à ce que les villes reçoivent plus d'habitants qu'elles ne le devraient.

En Amérique, les périodes de dépression commerciale débarrassent les villes de l'excédent de population qui dans les plus vieux pays y demeurent et grossissent les rangs des misérables sans travail. Le conseil d'Horace Greeley : « Allez à l'Ouest, jeune homme ! » est suivi. Pour compléter le conseil, il est nécessaire d'ajouter : « Et restez-y. » L'équilibre est ainsi rétabli entre les producteurs et les consommateurs ; il procure à tous deux la prospérité. S'il y a trop de nourriture, il n'y a aucun profit à récolter d'avantage de céréales, et moins de gens deviennent cultivateurs. Si le marché est encombré de produits manufacturés, l'industrie ne donne plus de profits et moins de gens s'y livrent. Pendant ce temps, la population augmente à raison de près de deux millions par an ; bientôt elle consomme le surplus, qu'il s'agisse de nourriture ou de produits manufacturés. L'Amérique possède des centaines de mille d'acres de sol vierge qui attendent la charrue. Comme l'Antée de la fable, il lui suffit de toucher la terre pour que sa puissance de géant lui soit rendue. Il en sera ainsi jusqu'à ce que sa population soit aussi dense que celle de l'Europe.

Suivant le docteur Swainson Fisher, il n'y avait pas, en 1835, plus de cinq mille blancs, dans tout le vaste territoire, qui s'étend entre le lac Michigan et l'Océan Pacifique, une région grande comme la moitié de l'Europe. Aujourd'hui, elle est couverte d'une population agricole, et contient de nombreuses villes bien peuplées, parmi lesquelles Chicago, Milwaukee et Saint-Paul, sans parler des villes de la Côte du Pacifique. A propos de l'État de Wisconsin qui occupe une partie de ce territoire, un membre de la « Wisconsin Historical Society » écrivait, il y a trente ans :

« Durant l'été de 1836, avec un camarade, je campais à six miles de l'endroit où s'élève aujourd'hui (1856) le Capitole. A cette époque, il n'y avait pas, à vingt *miles* de ce point, ni dans les limites actuelles de Dane County, soit une étendue de deux cent quarante miles carrés, un seul habitant blanc ».

Dane County qui était, à cette époque, un pays inhabité, comptait, en 1880, plus de soixante-dix mille habitants. Le Wisconsin en comptait un million et demi. En 1880, la densité de la population de ce jeune État excédait celle du Maine, et égalait presque celle d'États colonisés depuis longtemps, tels que ceux de Georgia, d'Alabama et de West Virginia.

Les États-Unis n'avaient pas, en 1830, une seule ville pouvant se vanter de posséder plus d'un quart de millions d'habitants. New-York elle-même n'en avait que deux cent deux mille. Cette année là, quatorze villes seulement possédaient plus de douze mille habitants chacune. A dire vrai, il y a cinquante-cinq ans, la République n'avait que quelques villages. En 1880, elle comptait cent soixante-seize villes de ce genre. Au moment où j'écris, leur nombre dépasse deux cents.

La ville de New-York, en 1880, était la seule ville millionnaire en têtes d'habitants, bien que Philadelphie prétendît qu'elle aussi avait atteint cette distinction. Le *census* de 1880 attribue à la capitale de l'Empire moins d'un million deux cent mille habitants ; mais si la population comprise dans un rayon de huit *miles*, depuis City-Hall, était comptée, il faudrait lui en attribuer aisément deux millions deux cent cinquante mille. Brooklin, Jersey City et autres faubourgs, séparés de la ville par la rivière, ont des administrations municipales séparées, mais elles n'en sont pas moins des rejetons du grand centre. New-York, vient après le monstrueux Londres, comme ruche affairée d'êtres humains. Chaque décade apporte à ces deux vastes aggrégations d'hommes un demi-million d'habitants de plus. L'augmentation de New-York, en chiffres ronds est égale à celle de Londres, ce qui veut dire qu'elle augmente deux fois plus vite. Londres a doublé sa population depuis 1840, et New-York, y compris ses environs, a doublé la sienne, dans la moitié de ce temps. De cette façon, si la population continue à augmenter, dans les proportions actuelles, Londrès dans quarante ans aura doublé sa population une fois et New-York aura doublé la sienne deux fois. Elles seront alors à peu près égales. L'année 1920 verra une course tête à tête, entre les deux villes, et les chances seront légèrement en faveur de New-York. Il est plus facile pour elle de doubler ses deux millions que pour Londres de doubler ses quatre millions. De plus, la déesse fortune, fidèle aux habitudes de son sexe, ne manquera pas d'être favorable au plus jeune concurrent. Elle aime la jeunesse, elle est volage. Elle semble disposée à quitter l'objet de ses anciennes amours, le vieux Londres enfumé, pour suivre le jeune, brillant et vigoureux New-York. Espérons cependant qu'elle choisira une attitude qui, elle non plus, n'est pas incompatible avec son sexe, et qu'elle continuera ses faveurs aux deux prétendants. Puisque Jack a une favorite, dans chaque port, notre déesse peut bien s'en permettre un dans l'Est, et un autre dans le grand Ouest.

Sur les cinquante plus grandes villes de l'Union, dont la moindre avait, en 1880, une population de 36.000 habitants, quinze n'étaient pas encore nées, en 1830. Sur l'emplacement qu'elles occupent, se trouvaient d'immenses prairies ou un campement indien avec un fort et quelques huttes faites de troncs d'arbres. Chicago est l'exemple le plus fameux. Il y a cinquante ans, c'était une station commerciale, où les trappeurs et les Indiens venaient échanger des fourrures contre de l'eau de feu et des munitions. J'ai bien connu un des premiers colons de Chicago, et souvent, je lui ai entendu parler du petit fort et des huttes éparpillées qui occupaient l'emplacement de la ville, il y a environ soixante ans. Il y avait à peine une femme blanche, dans le campement quand il commença à trafiquer avec les Indiens. En 1833, les rues de la ville projetée étaient tracées, mais aucun nivellement n'avait été fait. Le développement de ce « petit champignon de ville », comme un ancien écrivain l'appelle, fût tel, qu'en 1846, on faisait remarquer que « huit années avant, en 1838, le terrain sur lequel la ville de Chicago toute entière est élevée, aurait pu être acheté pour la somme demandée aujourd'hui (1846), pour une façade de six pieds, dans une des rues ». La tradition parle d'un des premiers colons qui affirmait avoir connu le temps où il aurait pu acheter « tout le sacré marais » pour une paire de vieux souliers. Comme on lui demandait pourquoi il ne l'avait pas acheté, il fit cette très juste réponse : « Ah mon ami, je n'avais pas les souliers ! » Combien d'occasions dans la vie nous manquons parce que nous n'avons pas les souliers. Morale : ayons les souliers.

En 1840, la population de Chicago était de 4.500 habitants ; dix années plus tard, de 50.000 ; dix autres années encore de 112.000. Actuellement, elle dépasse 700.000. Cette magnifique ville « la reine de l'ouest » est la première du Monde, pour trois branches d'industrie : pour les bois de construction, pour les approvisionnements, et, antithèse étrange, pour la fabrication des rails d'acier. A coup sûr, le monde n'a jamais vu une réunion de telles supériorités. Les statistiques indiquent qu'elle a reçu près de deux mille millions de pieds de bois de charpente, et neuf cent millions de « shingles » par an. Chaque année, elle reçoit près

de deux cent millions de « bushels ». Vingt-
six millions de « bushels » peuvent être
enlevés par ses vingt-six élévateurs. Un
approvisionnement près duquel les fameux
greniers des anciens Pharaons, semblent bien
insignifiants. L'année dernière elle reçut deux
millions de têtes de bétail, un million de moutons, et cinq millions de porcs, soit plus de vingt-
cinq mille animaux par jour. Chaque jour de
l'année entre dans Chicago — samedis et dimanche compris — une procession de victimes, qui
en mettant dix animaux de front aurait une
longueur de deux *miles* et demi. Le bétail et
les porcs, pour la plus grande partie, sont transformés en conserves, avant de quitter Chicago.
L'année 1880 fut une année exceptionnelle-
ment bonne pour les « porck packers », mais
une mauvaise pour les porcs. Cinq millions
sept cent cinquante mille périrent rien qu'à
Chicago — une moyenne de dix-neuf mille
par jour.

> « The fittest place for man to die
> Is where he dies for man »

La place qui convient le mieux à un porc
pour mourir est, évidemment Chicago, car, à
chaque minute de la nuit et du jour, tout le

long dé l'année, trente d'entre eux « meurent pour l'homme », dans cette place de massacre.

De plus, Chicago possède trois fabriques de rails d'acier, dans son enceinte, et quatre dans un rayon de trente *miles*. Leur production annuelle réunie dépasse 500.000 tonnes. Elle serait suffisante pour mettre une légère ceinture d'acier autour de la terre. Vraisemblablement, l'année prochaine à Chicago, et aux environs, on fabriquera la moitié de la production totale de la Grande-Bretagne en rails.

San-Francisco est un autre champignon. En 1844, cinquante colons étaient installés dans des cabanes de bois sur des terres stériles de la côte du Pacifique. Quelques pêcheurs de baleine et des trafiquants du Nord-Est s'y arrêtaient, de temps à autre, et échangeaient des vivres et des vêtements contre de la graisse, des peaux et des cornes. L'embryon de village grandit peu à peu. En 1847, certains morceaux de terrain du côté de la mer furent vendus à des prix allant de 10 à 20 livres sterling. Six années plus tard, la hausse de la valeur avait été si rapide que des lots bien inférieurs montèrent de £ 1.600 à £ 3.200 ; de £ 20 à £ 20.000, en quatorze ans. Quatre petits emplacements à bâtir rapportèrent £ 240.000, ce qui faisait £ 60.000 par lot. Cela se passait dans ces beaux jours décrits par le colonel

Mulberry Sellers, où vous n'aviez qu'à diviser l'emplacement d'une ville en lots, dont chacun était un « corner lot », à vous asseoir, à estimer combien d'argent vous vouliez en tirer, et à ramasser cet argent. Trente-sept ans suffirent pour transformer le campement de cinquante personnes, en une magnifique cité, de deux cent cinquante mille habitants. Le trafic de quelques peaux est devenu un commerce dépassant annuellement £ 20.000.000.

Jersey-City, en face de New-York, fournit un autre exemple du rapide développement d'une ville. En 1840, la population était seulement de 3.072 habitants ; en 1880, elle était de 120.722. Mais c'est Brooklyn, situé l'autre côté du port de New-York, qui a dépassé toutes les villes, excepté Chicago. En 1830, elle avait 12.000 habitants ; en 1880, elle en avait 566.000. Le développement de Cleveland dans l'Ohio, a été aussi fort rapide. En 1830, elle avait seulement 1.000 habitants ; aujourd'hui, elle en a 160.000. Les plus belles avenues de résidences se trouvent dans cette ville. Après avoir vu tout ce que le reste du monde peut montrer, sous ce rapport, je déclare que « Euclide and Prospect Avenues », à Cleveland, la cité des lacs, sont les plus grandioses et les plus belles. « Prospect Avenue » à Milwaukee, et « Delaware Avenue » à Buffalo, quoique plus petites, sont certes fort belles. Elles peuvent lutter, pour la seconde ou troisième place.

La ville de Milwaukee, dont la population actuelle est de 125.000 habitants, se composait, en 1834, de deux huttes de bois. En 1835, on traça le village, et, l'année suivante, elle comptait deux cents habitants. A cette époque, les seuls chemins conduisant à la ville étaient quelques sentiers Indiens. Mais même, à ce jeune âge, Milwaukee avait déjà fait preuve de l'esprit entreprenant par lequel elle n'a cessé de se distinguer. En 1840, la ville n'avait qu'un seul bâtiment de briques — une petite maison d'habitation à un étage. On y comptait sept magasins. Durant les dix années qui suivirent, la population passa de 1.712 à 20.671 habitants. En 1841 commencèrent les expéditions de céréales — un commerce qui, depuis, a atteint un énorme développement : cette année là, quatre mille *bushels* de blé — le premier qui ait jamais été expédié du Wisconsin — furent exportés ; mais l'outillage était si imparfait qu'il fallut trois jours, pour mettre à bord du navire, ce petit chargement. Le commerce qui eut de tels débuts se développa à vue d'œil. Trois ans plus tard, M. Higby, un marchand de la première heure, *importa* de Sheboygan, un magasin pour céréales. Le caractère de cette construction est indiqué par le fait qu'elle fut ensuite transportée, dans diverses autres places. La quantité de céréales reçue cette année là, à Milwaukee, pour être embarquée, n'égalait pas la quantité reçue, en un seul jour, quinze ans plus tard, ni celle reçue, *aujourd'hui en une heure !* Milwaukee reçoit environ quarante millions de *bushels* par an. Ce grain est retiré des voitures et des navires, transporté au sommet des *elevators*, pesé, et versé dans des sacs et des coffres, à raison de sept mille *bushels* par heure, sans aucun travail manuel. Des machines automatiques sont les géants qui font toute cette besogne.

A Milwaukee, réside un homme unique, si complètement identifié avec le merveilleux développement de cette ville, que l'on pense à lui chaque fois qu'il en est question. C'est un écossais, Alexandre Mitchell, qui, tout jeune, quitta Aberdeen, il y a quelque cinquante ans. Il jouit d'une distinction dont il peut être fier, et dont il ne sera jamais dépouillé. Il me paraît, en effet, impossible que, dans l'histoire du monde le développement de ressources matérielles, de quelque nature qu'elles soient, puisse jamais égaler celui des chemins de fer américains. Alexandre Mitchell a construit plus de *miles*

de chemins de fer qu'aucun autre homme n'en
a construit ou n'en construira. Il débuta à
Milwaukee comme directeur du « Milwaukee
et Saint-Paul Railway », une situation qu'il occupe encore. Il est à peine nécessaire d'ajouter
que le susdit Mitchell a conservé pour lui une
large part de cette gigantesque fortune. N'ai-
je pas dit qu'il était écossais? Lorsque nous
arrivâmes à Chicago, avec nos hôtes écossais,
il y a deux ans, nous trouvâmes son wagon
spécial — un hôtel infiniment plus magnifique
que n'importe quel wagon salon — à nos
ordres. Le conducteur avait reçu l'ordre de
se rendre où nous voulions, de s'arrêter
et de repartir, quand nous voudrions, de
reconduire sa voiture à Milwaukee, quand
nous n'aurions plus besoin de lui. Nous pas-
sâmes des jours dans cette voiture. Nous visi-
tâmes Saint-Paul, dans le Nord, et Davenport,
dans l'ouest, sans traverser un *mile* de chemin
de fer que ce fils de l'Ecosse n'ait pas construit,
et dont il n'était pas le maître absolu. « Scotland
for ever » M. Mitchell fait partie de la douzaine des hommes les plus riches du monde, —
ce qui est un honneur pour Aberdeen, pour
l'Ecosse, sa patrie de naissance, et pour l'Amérique, sa patrie adoptive. Il est un *grand*
républicain, aussi solide que le granit d'Aberdeen.

Il ne reconnait, ni famille royale, ni chefs héréditaires. Il n'est pas de l'étoffe avec laquelle on peut faire d'un homme, le « loyal sujet » d'un autre homme. Il se considère, en tant qu'homme, comme l'égal de n'importe quel monarque. Il jouit de l'estime générale.

L'Etat contigu de Minnesota, contenait en 1880, environ 800.000 habitants, dont 88.000 résidaient dans la capitale Saint-Paul, et sa sœur jumelle, Minneapolis. En 1885, la population de l'Etat s'était élevée à 1.100.000 habitants, une augmentation de quarante-trois pour cent, en cinq ans. Mais, la plus grande merveille, c'est le développement de la ville de Minneapolis, dans un espace de cinq ans. En 1880, sa population était de 47.000 habitants, en 1885, de 130.000, une augmentation de 176 pour cent ! Saint-Paul, passa de 41.000 à 111.000, une augmentation de 168 pour cent. Pourtant en 1848, cette région était un désert ; le territoire tout entier, près de deux fois la dimension de l'Etat actuel, n'avait que 3.000 habitants. Sur l'emplacement de Saint-Paul, en 1842, il y avait un comptoir, autour, duquel se forma une petite communauté de blancs et de métis qui trafiquaient avec les Indiens et les trappeurs. En 1850, la population s'élevait à 1.135 habitants. Voici les paroles d'un écrivain de cette période : « Saint-Paul est dans le désert. Partout où vous portez vos yeux, les traits primitifs du pays environnant n'ont pas changé. Les animaux sauvages et les Indiens occupent encore les terrains sur lesquels des siècles d'occupation leur ont donné des droits imprescriptibles. » Quelques *miles* plus loin, on aurait pu voir quelques maisons groupées autour des chutes de Saint-Anthony. En 1848, une scierie mécanique y fut établie, au moyen d'une digue qui barrait le lit ouest de la rivière. A mesure que les forêts tombaient, sous la hache du bucheron, et que les émigrants défrichaient, à l'aide de la charrue, des minoteries étaient établies, et Minneapolis se transformait. Arrêtés dans leur développement par la guerre de 1861, et plus sérieusement par le massacre des Sioux de 1862, Minneapolis et Saint-Paul, retrouvèrent leur prospérité, en 1864 et 1865. Depuis lors, les deux villes n'ont cessé de s'avancer l'une vers l'autre, à travers les forêts qui les séparaient. Leurs faubourgs finiront par se réunir, pour former une ville d'une longueur de douze *miles*, avec une population d'un million d'habitants. L'enfant qui verra cela, et d'autres choses encore, est déjà né.

De même que nous avons vu Alexandre Mitchell dominant Milwaukee, de même, on ne peut penser à Minneapolis, sans se rappeler cette famille notable : les « Washburn Brothers ». Leur carrière est bien américaine. Certes, c'était là une vraie famille ! Elle comprenait sept fils qui furent tous des hommes de marque, dont plusieurs se sont distingués suffisamment, pour appartenir à l'histoire de leur pays. On trouve dans la famille un secrétaire d'Etat, deux gouverneurs, quatre membres du congrès, un major-général de l'armée et un commandant en second de la marine. Deux servirent leur pays comme ministres à l'étranger, deux furent des législateurs de l'Etat et un autre « surveyor general. » Comme tous occupaient ces fonctions durant la guerre civile, il y avait des Washburn à peu près dans chaque service de l'Etat. Ils besognaient au camp et dans les conseils, au détriment de grands intérêts personnels. Tous quittèrent des métiers paisibles pour se mettre au service de leur pays. Ce devoir accompli, ils retournèrent à leurs occupations industrielles. Leur patrie n'ayant pas d'ennemis à vaincre, ils consacrent toute leur énergie à la nourrir. N'est-ce pas là faire de son épée un soc de charrue et de sa lance une serpe ? Que la nation coure un danger, qu'une circonstance se produise qui fasse à croire à ces hommes qu'ils seront plus utiles dans la vie publique que dans la vie privée, et, une fois de plus, on les trouvera sur le théâtre de la lutte. La République compte de tels citoyens par milliers.

Et, pourtant, les classes privilégiées de l'Europe s'efforcent de répandre l'idée que l'Amérique manque d'hommes honnêtes et distingués pour la diriger. Croyez-moi, mes compatriotes, aucune nation sur la terre ne possède une telle richesse de patriotisme, des hommes aussi habiles dans la conception et dans l'exécution que la démocratie. Des hommes qui se livrent à des occupations paisibles lui constituent une réserve toujours prête à l'action. C'est cette réserve qui a permis à la République de se développer sans arrêt. Ces hommes votent ou combattent, suivant le besoin, et jamais n'esquivent un devoir. Quand le navire de l'Etat navigue dans des eaux tranquilles, ceux qui en ont la charge, consacrent leur attention à de plus importantes affaires; mais que le vent vienne à s'élever, le capitaine monte sur le pont. La République ne s'est pas encore écarté bien loin de la bonne route et elle ne s'en écartera jamais. Il y a trop de science à bord, trop d'observations indépendantes sont prises et comparées dans la pleine lumière du soleil, pour qu'on n'arrive pas à des calculs exacts et qu'on ne les suive pas, sans s'en écar-

ter, jusqu'au port désiré. On vit cette réserve
à l'œuvre, de façon éclatante, durant les quatre
ans de dangers que l'Union eut à traverser.
Quand on eût besoin d'un chef, on le trouva
dans un bureau d'attorney, dans l'Illinois. Il
s'appelait Lincoln ; ce fut un grand et divin chef.
Au moment où nos relations avec l'étranger
étaient extrêmement dangereuses, et que, même
notre pays natal, nous menaçait, Seward se
révéla un diplomate de premier ordre. Le
secrétaire à la guerre, qui fut un homme de
génie, exerçait le métier d'homme de loi, à
Pittsburg. Aucun homme, depuis les jours de
Carnot, n'a fait la guerre comme Stanton. Je
l'ai bien connu. C'était une sorte de Cromwel.
Il marchait droit au but, que ce but soit la victoire ou la mort. Il était prêt à donner sa vie
pour le salut de la nation, parce que c'était son
devoir. Quand on eut besoin de généraux, pour
diriger les armées, le grand chef vint d'une
tannerie de Galena ; le second du collège où
il enseignait. Tous ces hommes exerçaient des
occupations pacifiques ; ils quittèrent le pouvoir pauvres. Les familles de plusieurs d'entre
eux furent pourvues par des souscriptions privées entre amis. La politique n'est qu'un moyen
d'atteindre un but. Quand les lois d'un pays
sont parfaites, quand tous les citoyens sont

égaux, ils ont de meilleure besogne à faire
chez eux que dans les « legislative halls ».
Aujourd'hui, les meilleurs et les plus capables
d'entre les hommes de la république ne per-
dent pas leur temps à une besogne de médio-
cres. Mais que de graves événements se produisent, et vous verrez surgir au premier rang,
des hommes supérieurs à ceux qu'on pourrait
trouver dans tout autre pays.

Minneapolis est déjà le plus grand marché
de l'ouest pour le blé ; les quatre cinquièmes
de ce blé sont convertis en farine, avant d'être
embarqués. L'an dernier, souvent, elle recevait
dans la même semaine, un million sept cent
cinquante mille *bushels*. Le total des arrivages
de 1884 était près de trois fois aussi important que celui de 1880 ; il atteignait vingt-
neuf millions de *bushels*. L'industrie de
la minoterie s'est aussi accrue dans des proportions prodigieuses. Le cinquième de toute
la farine exportée par les États-Unis est expédiée directement de Minneapolis, au moyen de
de connaissements. Les usines peuvent produire plus de trente mille *barrels* par jour ; et
l'une des usines Washburn seule a manufacturé
sept mille *barrels* de farine, en un jour. L'an
dernier, on fabriqua cinq millions et un quart
de *barrels* — cinq fois la production de 1876.

A coup sûr, rien de pareil n'a été accompli ailleurs. Et pourtant, la meunerie n'est pas la seule industrie exercée par ce jeune géant. Trois millions de *pieds* de bois de charpente ont été débités par les scieries, l'an dernier, sans compter cent trente-six millions de lattes et de bardeaux. Minneapolis a raison de prétendre qu'elle est une « city of mechanics ». Ses manufactures dépassaient douze millions sterling, en 1884, et, son commerce, à l'exclusion de la farine et du bois de charpente, atteignait presque une somme égale. L'ensemble des arrivages et des chargements de Minneapolis, en 1884, occupait deux cent quarante-six mille neuf cent quatre-vingt-six wagons. Un statisticien local a compté que, si on faisait des trains de vingt wagons, on aurait douze mille trois cent quarante-sept trains, demandant autant de locomotives pour les conduire ; que si, tous les wagons et les locomotives étaient attachées ensemble, on aurait un train d'une longueur de mille sept cent *miles ;* que si, on en faisait quatre trains, chaque train s'étendrait de Minneapolis à Chicago ; ou encore que la ligne des wagons serait suffisante pour entourer l'Angleterre et l'Écosse, et, par dessus le marché, pour former un mur coupant le pays dans sa partie la plus étendue.

On peut avoir une idée de l'énorme quantité de farine fabriquée par les usines de Minneapolis en estimant que un *barrel* donne deux cent cinquante pains, ce qui ferait vingt-cinq pains pour chacun des cinquante-six millions d'habitants des Etats-Unis. Si la farine fabriquée par Minneapolis en une année était mise en *barrels*, si ceux-ci étaient unis bout à bout et attachés ensemble, cela ferait un ponton de New-York en Irlande.

Un développement phénoménal de même genre est en train de s'accomplir dans une autre région... En 1870, il y a seulement quinze ans, excepté Superior, et Duluth, le premier, un « petit hameau aux maisons éparpillées » et l'autre « tracé pour la spéculation dans les bois sur le bord du lac » il n'y avait pas une ville, un village et hameau à l'ouest, ou près de la ligne choisie pour le « Northern Pacific Railroad », sur une longueur de plus de mille *miles*. Entre le haut du lac et les campements de mineurs, au milieu des Montagnes Rocheuses, dans le Montana, il n'existait aucune demeure de gens civilisés, à l'exception de deux ou trois stations militaires, des postes d'Indiens, et de quelques factoreries isolées. Le nord du Minnesota était une forêt dans laquelle, même le bûcheron n'avait pas encore pénétré, — à l'exception de quelques *miles* en arrière du Lac Supérieur. A l'heure actuelle, le long de toute la ligne du chemin de fer, se trouvent des villes florissantes.

Duluth, même dans son état embryonnaire, fit montre d'une précocité qui lui valut les plaisanteries d'un orateur fameux. Il la baptisa la « Zenith City of the unsalted seas ».

La jeune cité est aujourd'hui le terminus de dix mille *miles* de railways. En 1884, elle reçut près de quatorze millions de *bushels*. Les scieries deviennent aussi nombreuses que les mûres des champs. Dans une seule année, elles débitent deux cent cinq millions de pieds de bois de charpente, sans compter quatre-vingt-cinq millions de lattes et de bardeaux. Les acquits des domaines montrent que sept cents steamers et près ce six cents bateaux à voiles arrivèrent à Duluth, en 1884. Les opérations de banque montèrent à trente-quatre millions de dollars par an. Duluth peut emmagasiner près de dix millions de *bushels*. Enfin, la population de cette cité magique a sauté de dix mille cinq cents habitants, en 1875, à dix-huit mille, en 1884. Vit-on jamais une ville pareille ailleurs que dans la « République Triomphante? »

Indianopolis, avec sa population actuelle de quatre-vingt-dix mille habitants a aussi une histoire, que le « plus ancien habitant » peut raconter, d'après sa propre expérience. Cette histoire, en tant que ville, commence avec l'ouverture du « Madison Railway », en 1847. Avant cette date, elle n'était qu'une petite ville de province, si isolée qu'on comparait son commerce à celui auquel se livrent des enfants enfermés dans un cabinet, en échangeant leurs jaquettes. La lenteur de son développement avant le chemin de fer, ressort des faits suivants extraits de l' « Histoire locale » de Holloway. La ville fut tracée, en 1821. Dix années plus tard, les trois quarts de l'emplacement étaient encore à vendre. La législature parvint à se débarrasser de la plupart des lots, en leur attribuant un prix minimum de dix dollars. En 1842, quand les ventes furent terminées, il se trouva que Indianopolis tout entier n'avait été payé que $ 125.000. La ville qu'on vendait ainsi n'était qu'une forêt. Ici et là, une clairière laissait arriver la lumière jusqu'au sol. Pour déblayer les rues, on proposa de donner le bois à toute personne qui voudrait le couper. Un homme appelé Lismund Basye accepta le marché, pour Washington Street, espérant tirer un bon profit de tant de beaux arbres. Ensuite, il se mit à réfléchir. Il n'y avait pas de scieries, et, sans elles, le bois ne lui était d'aucune utilité. Alors, il mit ces magnifiques arbres en tas et les brûla. Cette rue aujourd'hui large de cent vingt pieds est bordée de magnifiques bâtiments. Un seul pâté de maisons atteindrait aisément un prix supérieur à celui qu'atteignit au début, la ville toute entière. Indianapolis peut prétendre à être considérée comme l'un des plus grands centres de chemin de fer du monde. Quatorze lignes y aboutissent et environ cent vingt trains de voyageurs y entrent et en sortent chaque jour.

Kansas-City est un autre exemple des croissances phénoménales de l'ouest. Il y a trente ans (1855) sa population était de trois cent habitants. En quinze ans (1870), elle atteignit trente deux mille, soit une augmentation de plus de cent fois. En 1880, la population avait doublé et, au moment où j'écris, elle est d'environ cent vingt-cinq mille habitants... Environ vingt-quatre millions de *bushels* de grain furent reçus, en 1884, contre un million seulement en 1871. Environ un million deux cent cinquante mille porcs sont convertis en conserves — ce qui fait environ le quart du monstrueux troupeau de Chicago. Chaque semaine, on embarque quinze cents têtes de bétail. Le commerce en bétail vivant est aussi très important. Environ deux millions et demi de bœufs, de porcs et un moutons, de chevaux et de mules passent sur ses marchés — une procession qui, en plaçant cinq animaux de front, irait d'Inverness à Londres.

Je pourrais citer beaucoup d'autres exemples. Alleghany-City, un rejeton de Pittsburg, le village qui avait, en 1830, 2.800 habitants, était en 1880, une ville de soixante dix-neuf mille. Durant la même période, la population de Pittsburg a passé de douze mille à cent cinquante-six mille habitants. Buffalo, durant ces mêmes cinquante années, passa de quatre-vingt mille à cent cinquante mille habitants ; Philadelphie de quatre-vingt mille à près de huit cent cinquante mille ; Cincinnati de vingt - quatre mille à deux cent cinquante mille ; Detroit, de deux mille à cent seize mille ; Rochester, de quinze habitants, en 1812, à quatre-vingt neuf mille, en 1880 ; Tabelo, de douze cent vingt-deux, en 1840, à cinquante mille en 1880 ; Scranton, de trois cent soixante-trois, en 1840, à quarante- six mille en 1880.

Les paragraphes suivants nous fournissent d'excellents tableaux de développement de ces villes. Le premier est dû au capitaine Basil Hall, l'Anglais le plus détesté, en Amérique, il y a cinquante ans ; le second au Norvégien Arfedson. Il s'agit de Columbus, en Georgie :

« La première chose qui attira notre attention fut une longue ligne taillée à travers le taillis de chênes. Notre guide nous pria de remarquer que cette ligne devait être la rue principale. Les broussailles ayant été coupées, de façon à faire un sentier de quatre pieds de large, avec de petits piquets plantés, à intervalles, nous pouvions avancer assez facilement. En arrivant au centre, notre ami, promenant ses regards autour de lui, s'enthousiasma, à la pensée de la future grandeur de Columbus et s'écria : « Nous voici au centre de la ville ! » Après avoir frayé, pendant un certain temps notre chemin, à travers les arbres, nous aperçûmes, cà et là, des huttes, moitié en planches, moitié en écorce, et enfin, nous arrivâmes au principal groupe de maisons, parmi lesquelles bien peu dataient de plus de deux ou trois semaines. Comme aucun des lots de la ville n'était encore vendu, personne n'était certain que l'endroit où il avait dressé sa maison lui appartiendrait définitivement. Beaucoup de maisons, en raison de cette situation, étaient bâties sur des roues basses, semblables à des roues d'affûts de canons, de façon à pouvoir être transportées en cas de vente du terrain. Dans certaines parties de ce lieu étrange, la forêt poussait aussi drue que jamais. Même dans les rues les mieux dégagées, quelques arbres étaient

encore debout. On n'avait pas encore eu le temps
d'enlever les troncs des arbres abattus. Beaucoup se trouvaient à la place où ils étaient tombés. Aussi était-il difficile d'avancer. On entendait des enclumes résonner joyeusement, à
maints endroits, tandis que, au milieu des bois,
on voyait étinceler des scies, des haches et des
marteaux. »

Voici Columbus, dix ans après :

« Elle méritait déjà d'être appelée une ville
florissante. La population dépassait deux mille
habitants. Parmi eux, plusieurs pouvaient passer
passer pour riches. Le nombre des habitants
augmente, chaque mois, et on m'assura que le
commerce augmentait, dans les mêmes proportions. Les charpentiers, les maçons, les ouvriers
de toutes sortes, ne manquaient jamais de travail et élevaient des maisons assez rapidement.
Des rues, qui, en 1828, étaient seulement tracées,
étaient maintenant tellement remplies de voitures chargées qu'il était presque impossible
d'y passer. La rue principale qui traverse la
ville, suivant le cours de la rivière, est comme
toutes les autres, non pavée, mais elle a tant

de boutiques remplies de toutes sortes de marchandises, un si grand nombre de maisons bien tenues, et, dans la matinée, on y voit une telle foule de gens, Chrétiens et Indiens, qu'on peut difficilement croire que c'est la même qui fut tracée en 1828. Beaucoup de maisons sont en bois, beaucoup en briques, quelques-unes dans le style anglais, d'autres dans le goût de la Grèce. »

Si nous comparons les récits précédents sur la naissance et les progrès de villes récemment fondées, avec le lent développement du vieux Boston, le contraste est certes frappant. Boston commença à être colonisé en 1630. Cinquante ans plus tard on y vit la première pompe à incendie et la première compagnie de pompiers. Une ville moderne organise ces services, en autant de semaines.

En 1704, parut le *Boston News Letter*, le premier journal publié dans les colonies anglaises du nord de l'Amérique. Aujourd'hui on installe une machine à imprimer presque dans la première maison de bois mise debout, et une ville de quelques mineurs ne peut se passer de son journal. En 1710, quatre-vingt ans après la fondation de la ville, on installa un bureau de poste; des courriers furent envoyés une fois par mois à Plymouth et à Maine, et une fois par quinzaine à New-York. En 1786, les citoyens entreprirent leur premier grand travail; ils construisirent un pont sur la « Charles River ». Boston mit cent cinquante ans à atteindre une situation que des villes modernes des prairies atteignent en autant de mois.

Les noms des villes du Nouveau Monde sont un magnifique tribut offert à la mère-patrie. De même que sur le minuscule et encombré *May-Flower*, l'austère Puritain, trouva une place pour soigner avec tendresse la marguerite de son pays natal, de même, le citoyen qui quitte sa chère vieille patrie, ne manque jamais de soupirer : « Angleterre, je t'aime avec tous tes défauts ». Et, pourquoi pas? Pour un défaut, elle a mille vertus. Ayant un nouvel *home* à baptiser, l'anglais avec un cœur ému et des yeux humides, en proie à un amour pour son pays natal qui ne finira qu'avec son dernier soupir, évoque l'objet de son plus cher amour et appelle ce *home* : Boston, York, Brighton, Hartford, Stratford, Glasgow, Edinburgh, Durham, Perth, Aberdeen, Dundee, Cambridge, Oxford, Canterbury, Rochester, London, New-Castle, Manchester, Birmingham, Chester, Coventry, Plymouth, ou de tout autre nom aimé, du nom de l'endroit, où dans sa jeunesse, il a grandi sur les montagnes ensoleillées, entendu chanter l'alouette, dans le ciel, et la grive, dans la haie du chemin. Je ne sais s'il existe un endroit du vieux pays qui n'ait son homonyme dans le nouveau. Prenons Pittsburg, qui porte le nom du grand du grand Pitt. Dans un rayon de quelques miles, le visiteur anglais peut se promener dans les rues de Soho, Birmingham et Manchester. Il y a quelques années, toutes ces rues étaient situées dans des faubourgs; aujourd'hui, elles sont aussi encombrées que leurs prototypes. Brighton, Rochester, Newport, Middlesex, New-Castle ne sont qu'à quelques *miles* de Pittsburg. Cette affection pour les vieux noms de la patrie est portée encore plus loin. L'Anglais voyageant en Amérique descend dans une succession d'hôtels qui s'appellent Victoria, Clarendon, Windsor, Westminster, Albermale.

Il pourrait se croire revenu dans sa patrie, si, à tout instant, il ne constatait combien ces hôtels sont supérieurs à ceux de son pays. Aussi, non seulement nos dieux lares sont les mêmes dans la nouvelle et dans l'ancienne patrie, mais notre amour leur donne les mêmes noms.

Le cœur de l'exilé est toujours triste, quand il pense au seul endroit sur terre qui puisse être son « home », dans le vrai sens du mot. Dans ces conditions, qui donc fera une distinction entre le pays de ce « home » et le pays de son domicile ? Quel est l'Américain, digne de ce nom, qui se contentera de vénérer le « home » de ses pères et de lui crier : « Que Dieu vous aide ! » Quand le peuple sera souverain dans la vieille patrie, comme il l'est dans la nouvelle, les deux nations ne formeront qu'un peuple, et tout le reste de l'univers réuni ne saurait briser les liens qui les uniront. Le républicain de ce côté de l'Atlantique tend la main à son frère qui est de l'autre côté. Ces mains se serrent. La Démocratie crie à la Démocratie : « Nous voulons les Droits de l'Homme ; les jours des rois et des pairs sont finis. A bas les privilèges ! Les jours de la souveraineté du peuple et l'égalité des citoyens sont venus ». Il n'est pas d'appel plus grand que celui-là. Je ne fais exception que pour la substitution d'un arbitrage pacifique à la guerre, sur toute la surface de la terre. Mais cela aussi est compris dans le républicanisme. Tous les partis dans la République ont adhéré à cette doctrine. Patience, mes compatriotes, patience. La Démocratie est en marche. Le règne des masses mène à la paix universelle. Les trônes et les familles royales, et les influences qui forcément les entourent — la vile couvée qu'ils nourrissent — font vingt guerres pour une que fait la *Démocratie triomphante*.

LES CONDITIONS DE LA VIE

L'État idéal est celui dans lequel tout citoyen est satisfait des lois. Quand dans un État, des hommes, quels qu'ils soient, s'agitent pour faire changer les lois, c'est qu'ils sont mécontents. Par suite, l'État est dans une situation troublée et peu enviable. On ne peut satisfaire tous les citoyens qu'en les traitant tous de la même manière. La plus légère inégalité provoque des troubles. L'Égalité seule donne la satisfaction, et par suite le repos. L'État bien équilibré est celui qui a atteint la perfection dans son système politique. EIGENRAC.

La plus étonnante des nombreuses merveilles qu'on rencontre dans l'histoire d'Amérique, c'est la rapide amélioration des conditions de la vie.

15.

Il y a un siècle, l'Amérique n'était guère qu'un désert. Sur une large bande de terrain, le long de l'Atlantique, se trouvait une population clairsemée, et quelques villes. Mais en arrière de ce territoire, le pays était aussi sauvage que quand les *Pilgrim Fathers* y avaient débarqué cent cinquante ans plus tôt. Les routes à travers les forêts vierges étaient rares, et les habitants du Massachusetts étaient aussi éloignés de ceux de la Virginie que de ceux de leur patrie, car toutes les communications des colonies entre elles se faisaient par la navigation côtière. Après la guerre de l'Indépendance, la jeune nation, pleine d'enthousiasme et de chaleur, se mit avec ardeur à développer le pays. On construisit des routes et des canaux. En 1830, 115.000 *miles* de chemins et 2.000 *miles* de canaux étaient ouverts. Ces derniers avaient coûté plus de $ 65.000.000. Les canaux et les routes étaient alors les puissants facteurs de la civilisation, les merveilleux moyens de locomotion.

Huit *miles* à l'heure, par le mail-coach et six *miles* à l'heure, par le paquebot-express, sur les canaux ! Où allait-on ?

Malgré ces progrès, le pays était fort en retard. Quand on compare la vie qu'on y menait à notre vie moderne si confortable, on

se demande comment on la pouvait supporter.
Les journaux du temps, les livres des voyageurs ne nous donnent qu'une idée très faible
des misères subies par la génération passée.
La signification complète de beaucoup de petits
récits écrits, il y a cinquante ans, ne peut être
comprise à notre époque raffinée et élégante.

Voici un extrait du *Nile's Register* du 20
mars 1830 :

« La réponse à une lettre expédiée de Baltimore
a mis quarante-et-une heures pour venir de Nor-
folk. La distance qui est de quatre cents *miles* a
été franchie — par la vapeur ! »

Le point d'exclamation qui termine cette
information, nous semble amusant, à nous, qui
possédons le télégraphe, le téléphone et le
timbre à deux sous. Les difficultés de communication ressortent également de ces lignes de
l' « American Quaterly Observer », de juillet
1834 :

« Un paquet de livres peut être envoyé plus
rapidement de Boston à Londres qu'à Cincinnati.
Un livre publié à Boston a été réimprimé à Edinbourg avant d'être connu à Cincinnati. »

Voici quelques passages de la « Society in America » par Miss Martineau, à la date de 1834-35.

« Les grandes villes encore aujourd'hui sont mal approvisionnées par la campagne. Les provisions sont très chères..., la viande de boucherie, dans tout le pays, est fort inférieure à ce qu'elle sera, quand une augmentation de main-d'œuvre et des moyens de transport permettront d'améliorer les pâturages et de mieux soigner les bêtes. Les volailles, le beurre et les œufs sont expédiés de Vermont à Boston, mais il est absolument impossible d'avoir un morceau de viande tendre. A Boston, dans une famille très nombreuse qui vit luxueusement, et, à la table de laquelle j'ai rencontré souvent un grand nombre d'invités, je n'ai jamais vu d'autre viande que du jambon. La table était couverte d'oiseaux de diverses espèces. La seule viande tendre et juteuse que j'aie vue dans le pays, était un *sirloin* de bœuf, à Charleston. Dans une certaine maison, on ne servit que du veau, pendant un mois. Dans une ville où je demeurai dix jours, je ne pus avoir que du bœuf. Dans le Sud, le voyageur ne trouve que du porc, sous toutes les formes possibles et de la volaille. »

Miss Martineau écrivant de Philadelphie, fait cette autre remarque :

« Toutes les dames d'une ville de province voisine, portaient des gants en trop mauvais état pour pouvoir être réparés, ou bien elles n'en portaient pas du tout. Le canal n'en avait pas apporté une seule paire, depuis plusieurs semaines. A Washington, je désirais des rubans pour mon chapeau de paille, et, dans toute la ville, en pleine saison, je ne pus trouver, pour faire mon choix, que six pièces de ruban. (Aujourd'hui Miss Martineau trouverait soixante boutiques remplies de rubans).

« Dans tout le pays, hors des villes, je fus frappé par le nombre de fenêtres avec des carreaux cassés. De grandes maisons de fermes florissantes, sous tous les rapports, avaient des fenêtres à l'aspect lugubre. Les personnes qui vivaient à proximité d'un canal, recevaient de la ville des verres de plusieurs dimensions, et elles mettaient elles-mêmes, leurs carreaux. Mais comment apporter du verre sur une route faite de troncs d'arbres, de terre et de grosses pierres ? Ceux qui n'ont pas d'autre moyen de communication doivent se contenter des fenêtres que le vent et les enfants veulent bien leur laisser. »

Même en 1845, tous ceux qui étaient éloignés de la côte, se trouvaient dans un tel isolement. Sir Charles Lyell, visitant Milledgeville, dans la Georgie, cette même année, raconte que le propriétaire de l'Hôtel regardait lady Lyell, comme une curiosité, parce qu'elle ne savait pas fabriquer le savon. L'excellente dame lui raconta que les bonnes fabriquaient presque tous les objets en usage dans la maison, même ses chapeaux. Bien des années plus tard, le savon, et la chandelle étaient encore « home-made », et aussi le drap des vêtements. Dans les districts ruraux de New-England, beaucoup de maisons ont conservé, dans un coin du grenier, le rouet et le métier de famille.

Les difficultés éprouvées par les habitants des districts colonisés, étaient peu nombreuses et de minime importance comparées à celles des immigrants de l'Ouest. A propos de ces derniers, la *De Bow's Review*, écrivait en 1825 :

« Ils ne se mettaient en route qu'après de longs préparatifs. Le voyage était fatiguant, long et coûteux. Ils étaient obligés de transporter leurs lourds outils et leurs volumineux instruments agricoles, leurs ustensiles de cuisine et leur mobilier fragile, dans de mauvais bateaux ou sur de mauvaises routes. Plusieurs années étaient nécessaires pour obtenir un petit défrichement, quelques améliorations pénibles, et se procurer assez de nourriture grossière pour les besoins de la maison. »

Après tous ces longs efforts, on arrivait à vivre dans les conditions, qui souvent ressemblaient à celles que décrit ce dialogue laconique :

« A qui appartenait le terrain que vous avez acheté ? »

« A Moggs. »

« De quelle nature est le sol ? »

« Bogs (marais). »

« Le climat. »

« Fogs (brouillards). »

« Qu'avez-vous à manger ? »

« Hogs (porc) »

« Avec quoi avez-vous bâti votre maison ? »

« Logs (troncs d'arbres). »

« Avez-vous des voisins ? »

« Frogs (grenouilles). »

C'est là évidemment une exagération plaisante, mais le sort de beaucoup d'immigrants n'était pas plus enviable que celui de l'homme vivant dans les « fogs » que lui avait vendu « Moggs ». Le pionnier de l'Ouest,

éloigné de tout moyen de communication, était
absolument séparé du monde. Il n'existait pas
de système postal lui permettant de communi-
quer avec ses amis de l'Est, ou avec le « vieux
pays ». Les journaux pénétraient rarement,
dans ses régions sauvages, et s'il désirait
rendre visite à son voisin le plus rapproché, il
lui fallait faire à cheval de nombreux *miles*, à
travers un pays rude et peu sûr. Le voyageur
sur les rivières de l'Ouest rencontrait souvent
un homme seul, parfois une femme qui remon-
tait le courant à coups de pagaie, et s'en allait
ainsi visiter un voisin demeurant à vingt ou
trente *miles*. Les lettres destinées aux colons
étaient envoyées à la ville la plus rapprochée,
peut-être à cent *miles* de leur demeure ;
elles y restaient, pendant des mois, jusqu'à ce que le destinataire ou l'un de ses
voisins, eût trouvé le temps d'aller les chercher.

L'affranchissement des lettres était très coûteux. Une lettre d'une seule feuille était transportée à n'importe quelle distance ne dépassant pas trente *miles*, pour six *cents*, cette
somme était doublée ou triplée, si la lettre
avait deux ou trois feuilles. Pour toute distance
dépassant quatre cents *miles*, le prix était de
vingt-cinq *cents* (un schilling) par feuille —

une somme qui avait alors une valeur double
de celle qu'elle a aujourd'hui.

Une simplicité primitive régnait dans les services municipaux quand ils existaient. Cet avis
copié sur les murs d'une salle de bar, dans une
auberge de village, à Sandisfield, 1833, le prouve
suffisamment :

Toutes les personnes qui ont négligé de
payer leurs taxes ou leurs billets confiés à Josiah
H. Sage, receveur, sont prévenues que, en raison de la maladie du dit receveur, les billets sont
chez moi, où ceux qui le désirent, peuvent payer
leurs taxes. Ceux qui ne tiendront pas compte
de cet avis, auront à payer les frais d'un constable et de recouvrement.

Le nettoyage des rues était confié aux porcs
qui circulaient en toute liberté. Sir Charles
Lyell raconte que ces animaux se promenaient
dans Cincinnati, en bandes nombreuses, sans
qu'ils parussent avoir de maîtres. A New-York
même, ils furent longtemps tolérés sur les trot-
toirs : on croyait à leur utilité. Il n'était pas
rare, il y a trente-cinq ans, qu'un piéton fût
bousculé par le vilain groin de quelque porc
municipal.

Les rues des villes n'étaient généralement pas éclairées, la nuit. Pourtant en 1830, New-York consommait trente-cinq mille gallons d'huile, pour deux cent quatre-vingt-dix-neuf lampes de rues, *en plus du gaz.*

En 1837, New-York était privé d'eau potable et saine. Dans toutes les parties de la ville, on trouvait de nombreux puits avec pompes, mais leur eau était considérée comme dangereuse. On employait surtout l'eau de pluie ; la plupart des maisons étaient pourvues de bonnes citernes.

Il n'est pas surprenant, dans de telles condition, que New-York, aujourd'hui une des villes les mieux approvisionnées d'eau du monde entier, ait subi plusieurs épidémies de choléra. En 1832, il fit rage et détruisit presque toute la population. La consommation d'eau, à New-York, est égale à celle du monstrueux Londres, de telle sorte qu'un *New-Yorker* consomme plus du double d'eau qu'un *Londoner.*

Le caractère prodigieux des travaux entrepris en Amérique se manifeste dans cette question des eaux de New-York. Un souterrain, creusé à une profondeur moyenne de deux cent cinquante pieds, assez large pour une ligne de chemin de fer à double voie, ayant plus de trente *miles,* et destiné à amener de l'eau à New-York, est actuellement en construction. Cinq *miles* sont déjà prêts. On espère que tous les travaux seront entièrement exécutés en trois ans, à compter du jour de la signature du contrat. Dans une couple d'années, la provision de New-York sera de quatre cent millions de *gallons* par jour, c'est-à-dire quatre fois ce qui est consommé, en ce moment, à Londres. On parle depuis longtemps d'un projet de tunnel entre Douvres et Calais. Ce tunnel pour les eaux de New-York qui est plus long et d'une largeur égale, est construit sans tapage, presque sans qu'on en parle.

D'autres villes n'étaient pas mieux approvisionnées d'eau. C'était là un grand inconvénient, en présence des grands incendies qui, périodiquement, détruisaient des quartiers entiers des villes de l'Union. Ces fréquents désastres avaient aussi pour cause les mauvaises pompes à incendie d'alors. Ces pompes fonctionnaient si mal que, dans le compte rendu d'un incendie, à la Nouvelle-Orléans, le *Nile's Register* du 8 mai 1830, raconte que bien que le Mississipi fut à cent mètres, on ne pouvait avoir une quantité d'eau suffisante. Ce fut en 1853 que la pompe à vapeur fut perfectionnée, et ce ne fut que beaucoup plus tard qu'elle devint d'un usage général. Aujourd'hui, l'outillage des pompiers d'Amérique est le plus parfait du monde. Tous les quartiers de la ville et beaucoup de maisons ont des communications électriques avec des postes d'incendie. Une minute après qu'un feu a été annoncé par la pression d'un bouton électrique, une demi-douzaine de machines à vapeur parties de différentes parties de la ville courent vers le lieu du sinistre. Dans beaucoup de villes, cette pression d'un bouton électrique fait résonner un gong d'alarme dans une douzaine de stations, actionne un mécanisme qui détache les licous des chevaux, place les harnais sur leur dos et soulève les portes de l'écurie.

Dans les premiers temps, quand les hommes avaient un continent tout entier à conquérir, et quand les difficultés de cette tâche étaient doublées par l'imperfection des machines, la grande affaire de la vie, c'était le travail — le travail dans son sens le plus *Carlylean* de labeur intense et incessant. On n'avait pas de temps à consacrer aux frivolités de la mode, et, si ce n'est dans les plus anciennes villes de l'Est, nul ne s'adonnait aux distractions. Mme Trollops, dont le nom a été longtemps désagréable aux oreilles américaines, écrivait :

« Je n'ai jamais vu de gens prenant aussi peu de distractions que les habitants de Cincinnati. Le billard et les cartes sont défendus par la loi. La vente d'un paquet de cartes, dans l'Ohio, entraîne une amende de 5o dollars. Il n'y a pas de bals publics, excepté, je crois, six, durant les fêtes de Noël. Il n'y a pas de concerts, pas de dîners de cérémonie ».

Au lieu de *jamais*, il faut probablement lire *presque jamais*. Dire que les habitants de Cincinnati, il y a cinquante ans, n'allaient *jamais* au bal, n'entendaient *jamais* un concert, ne dînaient *jamais* hors de chez eux, c'est probablement donner une entorse à la vérité. Mais on ne saurait douter que les distractions mondaines, à cette époque, fussent rares.

Bien que les faits prouvent que le confort, au début de la période que nous examinons, fut bien inférieur à celui d'aujourd'hui, il existait un bien être général inconnu en Europe, à la même époque. Arfedson, un voyageur Suédois qui visitait le pays en 1832-34, relatait ainsi ses impressions :

« Un Européen voyageant dans cette direction (Etat de New-York) ne peut s'empêcher d'admirer une apparence générale de confort et de

16.

prospérité, tout à fait imprévue. Un habitant de la péninsule Scandinave, habitué à différentes scènes, est enchanté de voir, au lieu de magnifiques palais voisinant avec de pauvres cabanes, une rangée de jolies maisons de campagne, habitées par des cultivateurs indépendants ».

Un domestique Suédois récemment arrivé en Amérique, à la date en question, remarquait l'aspect heureux des choses si généralement répandu autour de lui, et s'écriait : « Ayez la bonté de me dire, Monsieur, où habitent les paysans de cé pays ».

Dans les livres écrits sur l'Amérique de cette époque, les auteurs s'étonnent vivement de l'absence de mendiants. Sir Charles Lyell, dans sa « première visite » en 1840, se demande « à quelle ensemble de causes le succès de l'instruction nationale doit être attribuée » et il fait, à sa propre question, une réponse qui doit trouver place ici :

« Tout d'abord, il n'existe pas de gens besogneux, ou très pauvres. Cela tient, en partie, à la facilité si grande qu'ont les sans travail, d'émigrer vers l'ouest et, en partie, à l'absence de mariages imprévoyants. Les habitants même de la classe inférieure aspirent à vivre de façon

confortable et l'instruction développe encore ce
goût ».

Cette prospérité universelle avait aussi pour
résultat une criminalité inférieure à celle des
autres pays, où la vie était plus difficile.

« Le nombre de personnes arrêtées par la police
de Londres, en 1832, était de soixante douze
mille huit cent vingt quatre. La population de
Londres étant ving fois celle de Boston ; la même
proportion donnerait pour cette ville, trois
mille six cent quarante et un, au lieu de dix
neuf cent quatre, qui est le chiffre réel ».

Mais probablement, le plus grand contraste
de tous se trouvait entre la condition inférieure de l'ouvrier de fabrique, en Angleterre
et la condition élevée de la même classe, en
Amérique. En Angleterre, il y a quarante ans,
l'ouvrier était une simple machine — un souf-
fre douleur, mal nourri, mal logé, adonné à
de basses distractions, sans espoir de bonheur
dans ce monde, et à peu près ignorant de
l'existence d'un autre monde. En Amérique, les
ouvrières étaient généralement des filles de
cultivateurs, qui venaient à l'usine, afin de
gagner un peu d'argent pour se mettre en

ménage. Leur état intellectuel est révélé par ce fait qu'à Lowell, dans le Massachusetts, il se publiait un magazine dont tous les articles et toutes les pièces de vers étaient écrit par elles. On prenait grand soin de leur moralité. Aucune d'elles ne pouvait vivre dans des maisons non autorisées. Aussi les employés des *Lowell factoreries* étaient-elles célèbres autant pour leur vertu, que pour leur supériorité intellectuelle. Malheureusement, tout cela est changé. Nos immigrants supplantèrent les ouvriers du pays. La condition de l'ouvrier d'usine en Amérique, à l'heure actuelle, est assurément supérieure à celle de l'ouvrier Européen, mais, on affirme qu'elle est inférieure à ce qu'elle était, il y a quarante ans.

Les coups d'œil que nous pouvons jeter sur cette période d'il y a cinquante cinq ans (1830), nous montrent un peuple dont la plus grande partie était répandue le long de l'Atlantique. Quelques agglomérations de gens à Boston, New-York, Philadelphie et Baltimore méritaient le titre de cités, dont elles se paraient. Les routes d'Amérique, aujourd'hui encore, à de rares exceptions, les plus mauvaises du monde, n'étaient que des sentiers malpropres, impraticables dans la saison pluvieuse, mais excellents en été et pendant les fortes gelées de l'hiver.

Nos diligences circulaient entre les villes à des intervalles, qui nous semblent d'une rareté absurde. Des paquebots à vapeur, et, sur les canaux, des *paquebots-express* traînés par des chevaux, se partageaient les voyageurs avec les diligences. Des hommes entreprenants avaient poussé vers l'ouest, au delà des Alleyhanys, dans la vallée de l'Ohio et même dans les plaines de l'Illinois. Les émigrants se rendaient à leur nouvelle demeure, dans la partie de l'Amérique qui était bien alors le « Far (1) West » avec des voitures leur appartenant. Pendant ce long et hazardeux voyage, ils vivaient comme des bohémiens errants.

Les vêtements étaient extrêmement simples et bon marché. Un drap grossier de *cassinet* était employé pour les meilleurs vêtements d'hommes. Quelques femmes dans les principales villes étaient seules à porter de la soie. En 1830, la plupart des femmes, même de la classe riche, portaient du calicot. Le « servant problem » était beaucoup plus simple à résoudre que de nos jours où il est si difficile. On employait les femmes américaines, car les femmes étrangères étaient rares. On ne les appelait pas servantes mais « helps » (aides). Elles s'asséyaient à la

(1) Far : éloigné.

table de la famille, et, sous tous les autres rapports, étaient traitées comme les égales et de véritables membres de la famille. Là où la simplicité de vie était si grande, de telles habitudes n'offraient aucun inconvénient. Il existait alors une grande répugnance, à l'égard des distinctions de costume. Les cochers ne portaient pas de livrée, et les domestiques n'avaient rien dans leur costume qui permit de les reconnaître. A ce sujet, Miss Martineau, écrit :

« Une particularité amusante de la légation anglaise (à Washington), c'est la confusion des langues, parmi les domestiques qui vous offrent du poisson, de la viande, de la volaille en espagnol, en italien, en allemand, en hollandais, en irlandais ou en français. Les ambassadeurs étrangers ont de grands ennuis avec leurs domestiques. Aucun Américain ne veut porter de livrée, et il n'y a pas de raison pour qu'il en porte. Mais l'ambassadeur d'Angleterre doit avoir des domestiques en livrée. Il s'arrange comme il peut. Il permet à ses gens de se montrer dehors, sans livrée, excepté dans les grandes circonstances. Il est obligé de choisir ses domestiques parmi les étrangers qui se trouvent momentanément sans ressources, et qui le quittent dès qu'ils peuvent trouver un emploi pour lequel le port de la livrée n'est pas exigé ».

La répugnance pour la livrée était telle que les policemen s'habillaient comme les autres citoyens. La ville de New-York elle-même ne donna à sa police un costume spécial qu'en 1845. D'autres villes suivirent cet exemple. Aujourd'hui, il est difficile de distinguer les policemen de n'importe quelle ville américaine de ceux de Londres. Les livrées des cochers sont moins fastueuses en Amérique qu'en Europe. L'Amérique n'a pas encore adopté les cochers à perruques poudrées et les laquais à faux mollets.

Je me souviens très bien que quand la « Pennsylvania Railroad Company » décida d'imposer aux conducteurs et aux employés des trains de voyageurs, un costume spécial qui permît de les distinguer des voyageurs, on se demanda avec inquiétude si cette mesure ne provoquerait pas un refus général. Dans ce cas, comme dans celui de la police, les employés comprirent l'avantage qu'il y avait pour des hommes exerçant une autorité à être reconnaissables.

C'est à peine s'il existait une voiture privée, dans les villes de l'ouest à cette époque. Les gens voyageaient à cheval, ou dans des chariots primitifs ; les plus favorisés, voyageaient en cabriolet à un cheval. Une vieille dame, morte récemment, que j'ai bien connue et que j'estimais beaucoup, a possédé la première voiture de Pittsburg. La dame qui eut le premier cocher en livrée (un nègre heureux de se faire remarquer), est encore à la fleur de l'âge. Si les vêtements, les commodités et les maisons des gens étaient du caractère le plus simple, ainsi en était-il de leur nourriture. Elle était très bon marché. Les œufs coûtaient trois sous la douzaine, et un gigot de mouton, un shilling. Les vins étrangers étaient si rares et si coûteux, qu'ils étaient à peu près inconnus. Les importations de vin, en 1871, s'élevaient seulement à un million et demi de dollars. Le troc était employé comme mode de payement. Les ouvriers, même dans les villes, étaient payés de leur travail, avec des bons sur les magasins. Les salaires étaient généralement bas. Les ouvriers recevaient soixante deux *cents* (trois shillings), par jour. Deux dollars (huit shillings par jour) étaient considérés comme un salaire fort élevé, qu'on accordait seulement à des ouvriers très habiles. Les traitements des chefs étaient encore proportionnellement plus faibles. Le regretté directeur du « Great Pennsylvania Railway » ne reçut que 1.500 dollars (3.000

livres sterling), par an, jusqu'en 1855, époque de sa nomination comme directeur du réseau ouest de la ligne. J'étais bien étonné quand, en qualité de son successeur, je reçus 50 livres sterling de plus par an. En dépit de la faiblesse des salaires, la régularité du travail et la simplicité de la vie permettaient aux gens d'économiser, chaque année, des sommes considérables.

La mode, s'il y en avait une, consistait à vivre de la façon la plus simple, à prendre le contre pied de l'ostentation, dans la résidence, l'ameublement, la nourriture et les voitures. Un républicain ne devait-il pas être sans recherche, sans affectation, semblable aux gens du peuple? Les gants de peau et les robes de soie étaient à peu près inconnues à l'ouest des Alleyganys. Les millionnaires n'existaient pas encore à cette époque. On parlait, dans tout le pays, des hommes possédant cinquante ou cent mille dollars, comme on parle aujourd'hui des millionnaires. Et, vraisemblablement, il y a plus de millionnaires, à New-York, de nos jours, qu'il n'y avait en 1830, dans tous les Etats, d'hommes *valant* cent mille dollars. La première manufacture de piano-forte fut fondée en 1822 ; elle était si insignifiante, qu'en 1853, elle ne ne fabriquait que quinze pianos, par semaine. Peu de voitures furent fabriquées avant 1840.

Les œuvres d'art étaient fort rares. La première galerie de tableaux d'une certaine importance fut celle de la « Pensylvania Academy », à Philadelphie.

Elle ouvrit en 1811. D'autres villes n'ont eu des collections d'art importantes que récemment. Il y avait des bibliothèques, dans les collèges et dans les bâtiments du « State Capitol », mais peu de collections de livres étaient accessibles au public. Avant 1830, trois ou quatre villes seulement avaient des bibliothèques sans importance.

A cette époque, chaque village et chaque district de campagne avait son génie universel qui était bon à tout, à arracher une dent aussi bien qu'à réparer une horloge. Le docteur en théologie exerçait généralement, par dessus le marché, les fonctions de docteur en médecine. L'homme de loi était à la fois *attorney, counseller, real estate agent, banker, barrister.* Les métiers et les professions se spécialisèrent, à mesure que la population augmenta. Aujourd'hui, il n'est de commune si petite qui généralement ne possède, en nombre suffisant, des représentants de chaque métier.

Une nation de travailleurs, avec, devant elle tout un continent à mettre en valeur, privée de tous les raffinements et de toutes les délicatesses de la vie, tel était le tableau offert par la République, il y a cinquante ans. Le contraste entre cette situation et la situation actuelle, est si grand qu'on pourrait croire qu'il s'agit d'une autre planète soumise à d'autres conditions primaires. Si les routes de l'Amérique, sont encore fort inférieures à celles d'Europe, c'est que le développement des chemins de fer a rendu moins impérieux le besoin de bonnes routes. C'est la supériorité des chemins de fer qui a fait négliger les chemins ordinaires. Macaulay a prétendu que le degré de civilisation d'un peuple se mesure à l'état des routes. A l'époque de la vapeur, il faut ajouter aux routes les chemins de fer. Les communications en Amérique sont devenues meilleur marché et plus confortables que dans tout autre pays. Sur les principales lignes, les wagons — salons luxueux, le jour, et chambres à coucher, la nuit, — sont ventilés par l'air, chauffés en hiver, et rafraîchis en été. Les navires qui transportent les passagers sur les lacs sont de taille gigantesque et des modèles d'élégance. La variété et la qualité de la nourriture sont une surprise continuelle pour les Européens qui parcourent les États. Les gens, classe pour classe, s'habillent infiniment mieux que ceux des autres pays. Les conforts de la maison américaine moyenne soutiennent avantageusement la comparaison avec ceux des autres pays. Quant aux résidences des classes riches, elles n'ont leurs pareilles nulle part. Elles excitent, dans leurs moindres détails, l'envie des étrangers. Une pression d'un bouton électrique appelle un messager ; deux font venir un gamin pour le télégraphe ; trois, réclament un policeman, et quatre donnent l'alarme pour un incendie. On fait du téléphone un usage dont on n'a a pas idée en Europe. Les étables, l'habitation du jardinier et toutes les autres dépendances sont reliées par un fil à la maison principale. Les maisons de personnes amies sont, elles aussi, reliées par le fil-bavard, presque aussi souvent que des maisons de commerce. Des cornets acoustiques vont du salon à la cuisine ; le dîner est apporté, tout chaud, de la cuisine par un élévateur. L'air chaud et les tubes d'eau chaude circulent dans toute la maison. Pour régler la température d'une chambre à sa guise, il suffit de tourner un robinet. La lumière électrique est en usage partout. A coup sûr, il n'est pas un palais, pas une grande demeure d'Europe, qui possède seulement la moitié des commodités et des ressources scientifiques qu'on trouve dans les principales demeures américaines. « New-York

Central Park », avec ses magnifiques équipages, est un digne rival de Hyde Park et du Bois de Boulogne. En hiver, les centaines d'élégants traînaux qui glissent dans les allées forment un plus joli tableau que tous ceux dont Londres peut se glorifier.

Les opéras, les théâtres, les public-halls de la province dépassent en magnificence ceux des autres pays, exception faite des dernières constructions de Paris et de Vienne, avec lesquelles cependant, les opéras de New-York et de Philadelphie peuvent rivaliser. Les Bourses de commerce, les hôtels imposants des compagnies d'assurances sur la vie, les bâtiments des journaux, les hôtels, les nombreux édifices construits par des riches maisons de commerce, non seulement à New-York, mais dans les villes de l'ouest, ne manquent jamais d'exciter la surprise de l'Européen. Le régime postal, sous tous les rapports, vaut celui de l'Europe. Les courriers sont pris par des trains express, triés en route et déposés à tous les points importants, sans arrêt de train. Dans toutes les grandes villes, les lettres sont distribuées plusieurs fois par jour. L'affranchissement pour toutes les distances excédant souvent trois mille *miles*, est seulement de *2 cents* par once.

Bref, on peut dire que les conditions de la vie en Amérique se sont rapprochées de celles de l'Angleterre, durant les cinquantes années dont nous nous occupons. Année par année, à mesure que la population augmente, le niveau général du confort dans les plus petites villes de l'Ouest se rapproche de celui des villes de l'Est. Herbert Spencer fut étonné au-delà de toute mesure, de tout ce qu'il vit dans les villes américaines : « Les livres que j'ai lus, dit-il, ne m'avaient pas donné une idée exacte des immenses développements de la civilisation matérielle que j'ai rencontrés souvent. Les dimensions, la richesse et la magnificence de vos villes, surtout la splendeur de New-York, m'ont suffisamment surpris. Je n'ai pas visité la merveille de l'Ouest, Chicago, mais quelques-unes de vos villes modernes de moindre importance m'ont suffisamment étonné, par les merveilleux résultats de l'activité d'une seule génération. A diverses reprises, me trouvant dans des villes de dix mille habitants, où chacun se sert du téléphone, j'ai senti quelque honte, en songeant à nos villes arriérées, dont beaucoup qui possèdent plus de cinquante mille habitants, l'ignorent complètement ».

La différence est minime entre les institutions municipales du nouveau et du vieux pays, mais, il n'y a pas de contraste plus grand que celui qui existe entre leurs districts de campagne.

Parmi toutes les raisons que les malheureux peuples de la Monarchie ont d'envier l'Américain, il n'en est pas de plus forte que la perfection de son organisation municipale et du Comté. Si mes lecteurs américains connaissaient le chaos qui règne, dans tous les districts d'Angleterre, ils ne pourraient comprendre comment un peuple de langue anglaise, l'a toléré aussi longtemps. L'Eglise a une certaine part, dans les affaires locales, notamment dans l'instruction. Les *clergymen, vicars, rectors et curates* font partie des conseils qui administrent la commune. Les *lords of the manors*, les propriétaires terriens en font également partie. Le *squire* et le *parson* sont les pouvoirs qui s'occupent de tout et administrent tout, suivant leur bon plaisir. Le palais de *my lord duke* paye moins d'impôts que la villa de dimension modeste de l'homme nouveau qui n'appartient pas à la coterie dominante. Le moindre petit district de province a sa *bande* qui l'exploite (ring). Pour une bande, dans la République, il y en a vingt dans la Monarchie.

Les places sont distribuées aux favoris des *landlords* et des *parsons*. Les habitants du district n'ont pas voix au chapitre, puisqu'ils ne votent pas pour les fonctionnaires. Seuls ceux qui ont une certaine fortune, vivent dans de grandes maisons ou payent de gros loyers, qui, par suite, appartiennent à la classe dominante, ont le droit de voter. Dans ces conditions, la plupart des gens ne prennent aucun intérêt à la communauté, en tant que communauté. Le terrain est mauvais pour le développement du patriotisme local. A ce triste tableau, on trouve, un agréable contraste, dans les villes anglaises. Là, le suffrage universel existe, et, dans beaucoup de cas, les femmes qui possèdent une certaine fortune ont aussi le droit de vote. Grâce à ce système, les meilleurs citoyens des villes donnent aux affaires municipales une attention qu'on trouve rarement, en Amérique, si on l'y trouve, au delà des frontières des vieux États. Les procès verbaux du Conseil municipal, y compris les discours de chaque membre, sont publiés régulièrement, tout au long, dans les journaux locaux. Parfois, quatre colonnes sont occupées par le compte rendu de ce parlement local. Il n'est pas de lecture qui intéresse autant la communauté. Sans doute, les hommes étrangers à la localité sourient en lisant que des hommes de grande valeur, des manufacturiers et des marchands, ont discuté, sur une somme de cinq livres six shillings et huit pences, pour réparations à l'horloge de l'Hôtel de Ville, ou sur une augmentation de salaire de deux livres St. pour le secrétaire. Mais le Parlement lui-même s'occupe souvent d'affaires insignifiantes. Cette attention donnée à des détails assure un sage emploi des fonds publics, et une excellente administration.

Les magistrats et les conseillers municipaux jouissent de la plus grande estime...... La nation 'choisit parmi eux ses principaux chefs. M. Chamberlain et l'Alderman Kenrick commencèrent leur éducation au Conseil municipal de Birmingham; M. Storey, à celui de Sunderland, et feu Georges Harrison, à celui d'Édimburgh. Mon expérience de l'administration des villes, en Angleterre, me donne la plus grande confiance possible, dans la faculté qu'ont les masses d'administrer sagement, grâce à la sélection des hommes les mieux doués pour cette besogne.

Le temps n'est pas encore venu pour la République d'avoir partout des institutions municipales aussi complètes et aussi efficaces que celles de l'Angleterre. Mais dans certaines parties plus avancées, nous trouvons déjà des résultats semblables. Si, d'une part, les municipalités du vieux pays ne sont pas dépassées par celles du nouveau, si même généralement elles leur sont supérieures, les districts de la province anglaise ont des institutions qui sont une honte pour les habitants. La lourde ignorance des masses, leur apparente satisfaction d'une vie bonne pour des gardeurs de porcs des débuts de l'époque saxonne, leur résignation à la domination de ceux qu'ils appellent leurs *meilleurs*, la basse hypocrisie que le gouvernement aristocratique produit chez les pauvres, causent un véritable dégoût aux américains qui comparent cette situation à la leur, qui surtout comparent les hommes et les femmes produits par les deux systèmes.

« Vous voyez, dit le *squire Tory*, à l'esprit étroit et ignorant, lorsqu'il montre à ses visiteurs américains l'état des gens du peuple, autour de lui, combien ces gens sont impropres à ce que vous appelez le *self-government* et à l'égalité. A coup sûr, si nous ne nous occupions pas d'eux, ils ne pourraient vivre. » Il est rare qu'on fasse au *squire* la réponse qu'il mérite; pourtant, j'espère que cela arrive quelquefois : « Donnez à ces gens tous les droits et privilèges dont vous jouissez dans ce district, et avant que vous ne mouriez, à moins que vous ne disparaissiez de suite, vous serez surpris des résultats. Jamais, ils ne sortiront de leur état

de véritable esclavage, si vous ne leur impo-
sez les droits des citoyens, et si vous ne leur
enseignez l'exercice de ces droits. Vous êtes
exactement comme cette folle de mère qui ne
vóulait pas permettre à son enfant d'approcher
de l'eau avant qu'il ait appris à nager. Jetez-le
à l'eau. Soyez à ses côtés pour l'empêcher de se
noyer tout à fait, mais ne lui venez pas trop en
aide. Ne le supportez pas, avant qu'il ne soit
complètement épuisé et prêt à couler ». Ce même
squire fera des discours à table sur la mission
que s'est donnée l'Angleterre d'élever le niveau
des races inférieures, sur toute la surface de la
terre, oubliant totalement qu'il serait difficile
de trouver, chez n'importe quelle race inférieure de n'importe quelle partie de la terre,
des gens plus ignorants, plus avilis, plus pauvres que ceux que le système autocratique de sa
classe a produit, à quelques *miles* de sa propre
porte. Aucun homme ne voit plus distinc-
tement que le *magnate* d'Angleterre la paille
dans l'œil de son voisin et n'ignore la poutre qui
est dans le sien. Il a — ou du moins il prétend
avoir — de la sympathie, pour tous les gens de la
terre, excepté pour ses compatriotes.

Une brève description de l'organisation républicaine du pays intéressera probablement les
Anglais, et même les Américains qui ont trop

de tendances à jouir de leur bonheur, sans s'inquiéter de ses sources. La subdivision des États en comtés, et des comtés en municipalités (township) pour assurer le self-government local, n'a pas été faite sur un plan uniforme. Les premiers États présentent, pour ces divisions, les différences notables, mais les États plus nouveaux de l'ouest et du nord-ouest, qui constituent de beaucoup la plus grande étendue de pays, sont soumis au même système général. C'est le seul, je crois, qui mérite d'être décrit, puisqu'il est le plus récent et qu'il est bien nettement américain.

Iowa est une des communautés les mieux organisées de l'Union. Je vais donner un aperçu de son gouvernement local. La genèse de ces *Home Parliaments* est fort simple. Arrive un premier colon, la hache à la main, qui élève une cabane de troncs d'arbres, défriche le sol, et plante les semences qu'il peut avoir. Il en arrive un autre, puis un autre qui agissent exactement de même, sur les terres voisines, jusqu'à ce qu'une douzaine ou un plus grand nombre de familles, se trouvent réunies à un même endroit. Deux choses deviennent indispensables, — des chemins ou sentiers pour relier les maisons entre elles, et relier ces maisons au marché le plus voisin ainsi qu'à la station

du chemin de fer, — et une école pour les enfants. Il n'existe pas d'autorité centrale qui puisse
les fournir. Alors, les colons décident de se
réunir pour s'entretenir de ces affaires. Ils
s'imposent une taxe et se mettent à la besogne.
On désigne quelqu'un pour répartir la taxe
quelqu'un pour la prélever, quelqu'un pour
surveiller les travaux, quelqu'un pour tenir les
comptes, etc. Tel sont les débuts du réparti-
teur, du percepteur, de l'inspecteur du comté,
du secrétaire de la ville, auxquels on ajoute
quelque temps après, un *constable* et un juge
de paix.

Beaucoup de municipalités naissent comme
celle de Burlington, dans le comté de Calhome,
Michigan.

Organisée en 1837, elle tint sa première réunion,
le 3 avril de la même année. Elle nomma Justus
Goodwin, inspecteur, Gibesia Sanders et Moses
S. Gleason, juges de paix ; Léon Haughtailing,
constable et percepteur ; établit six routes de districts ; vota $ 100 pour jeter un pont sur la Saint-
Joseph River, et $ 50 pour en jeter un sur Mot-
tawa Creek ; $ 50 pour des écoles communes, et
une prime de $ 5 pour chaque tête de loup.

Ah ! ces $ 50, pour les écoles communes.

C'était là, messieurs, le vote des votes ! Quand on examine les premières sources de la vie nationale, on voit s'avancer en bouillonnant celle qui est la véritable panacée de tous les maux du corps politique : l'instruction, l'instruction, l'instruction ! A travers toute l'histoire du pays, on retrouve le même souci pour ces fils d'or de l'instruction auxquels viennent s'attacher les biens et les succès d'une démocratie instruite et triomphante !

Je vous prie de remarquer aussi qu'aucune mention n'est faite de la *naissance* ou du *rang* de ces *Hampdens* de village. On peut en conclure que, dans ce meeting démocratique, nul n'y songea. On choisit ceux qui étaient les plus propres à remplir les fonctions qu'on leur destinait, suivant cette maxime :

Les outils à ceux qui s'en servent le mieux.

Le territoire d'une ville est généralement de six *miles* carrés. C'est la dimension que les inspecteurs du gouvernement donnent à tous les territoires. Quand la population augmente, douze ou quinze villes s'unissent et forment le comté, la plus grande division politique, le plus grand *Home Rule Circle*.

Les fonctionnaires du *County* sont généralement nommés pour deux ans, quoique dans beaucoup d'Etats, il y ait des élections annuelles.

On emploie toujours le suffrage universel, et les districts électoraux sont égaux. Tous les fonctionnaires sont payés, mais leurs appointements sont très modérés. Le chef-lieu — County-town — du Comté est choisi, bien entendu, à la mode démocratique, par un vote irréprochable. A de courts intervalles, au moyen du vote, on nomme tous les fonctionnaires politiques du Comté, y compris les sherifs et les magistrats qui détiennent l'autorité, l'inspecteur de l'enseignement, les inspecteurs des routes, les administrateurs de la taxe des pauvres, les juges eux-mêmes. Et, pourquoi pas ? Qui donc, plus que les masses, a besoin que la justice soit rendue avec équité ? On peut compter sur les classes les plus pauvres, pour choisir les hommes qu'on a le moins de chances de voir pencher du côté des riches, des puissants et des forts. Si les juges qui ne sont que des hommes, doivent avoir des préférences, être influencés même inconsciemment par leur entourage, que, du moins leurs préférences aillent à la vertu, qui, à de rares exceptions près, se trouve toujours du côté du pauvre et du faible.

Un grand nombre de Comtés constituent le

troisième et le plus étendu des cercles du *Home Rule*, l'Etat, lequel, à son tour, avec d'autres Etats, forme le système fédéral de la République. Comtés et Etats forment des centres jouissant du *Home Rule*. L'expérience a démontré que leur influence, dans toutes les affaires politiques, était fort heureuse. Aussi on a adopté comme règle générale que l'autorité centrale ne devait rien faire de ce que l'Etat peut faire lui-même, que l'Etat ne doit rien faire de ce que le Comté peut faire lui-même, et que le Comté ne doit rien faire de ce que la ville peut faire elle-même. Aussi sûrement que le soleil brille, les abus du gouvernement naissent dans la proportion que le pouvoir échappe aux mains des gens immédiatement intéressés. Dans toutes les assemblées primitives, c'est là que l'autorité, si minime soit elle, doit être placée, car, on est assuré qu'elle y produira des résultats satisfaisants.

Jefferson, qui certes était un homme d'Etat clairvoyant, dit :

« Ces divisions appelées *townships* dans la Nouvelle-Angleterre, sont le principe vital de leur gouvernement. Elles ont prouvé qu'elles étaient les plus sages inventions qui soient jamais sorties du cerveau humain, pour le parfait fonctionnement du *self-government* et pour sa durée. »

L'Américain croit au *Home Rule*, même pour les plus petites agglomérations, et il manifeste la plus grande aversion pour la centralisation. Il ne réclame jamais l'aide d'une autorité quelconque, quand il peut s'en passer. Divisez la société en parties aussi nombreuses et aussi petites que vous voudrez, la plus petite sera un *epitome*, un *microcosme* du tout. Le conseil de la cité est une réduction parfaite de l'Assemblée impériale. L'observateur y reconnait ses *éditions de poche* des Cleveland, Gladstone, Blaine et Salisbury. La cité possède des Beecher, Spurgeon, Spencer, Fiske, Huxley, Marsh, ses docteurs, Fint, Dennis, Mackenzie, ses Black et ses Howels. Elle a même ses Arnold, Holmes, Lowell, Browing et Whitmann. Evidemment, tous ces hommes sont des miniatures de leurs prototypes, comme il convient au petit théâtre, sur lequel ils agissent. Les hommes et les femmes se divisent en classes ; dans chaque village, ces classes existent. Plus la communauté est petite, plus nette est la ligne de séparation entre elles. Oui, certes, même dans les petits villages, on rencontre des gens du monde et des guides de la mode. Les choses absurdes s'y trouvent aussi bien que les bonnes. Pas une ne manque. De même que chaque parcelle d'un bloc de marbre a en elle tout

18.

ce qui constitue le marbre, de même toute agglomération d'hommes ou de femmes, si petite
qu'elle soit, a en elle tout ce qui constitue un Empire. Pour que toutes ces forces travaillent harmoniquement, les hommes d'État
n'ont qu'à les laisser libres. Et c'est ce
que l'Américain fait, à la ville et à la campagne. Le *Briton* agit de façon différente. Je
fais exception pour les villes, où il a récemment
changé son système. L'exclusion des gens
de l'administration des affaires locales a eu sur
leur caractère, dans tous les districts du pays,
un effet déplorable. Ils ne sont pas des
hommes, ils ont encore des âmes de serfs. Le
droit de voter pour les membres du Parlement
leur a été accordé, l'année dernière, et ils ont
voté en masse contre la classe dirigeante. Le
courant a enfin changé, et bientôt naîtra, parmi
eux, un irrésistible mouvement, en faveur du
Home Rule, même dans les plus petites affaires.

Le professeur Fiske, dans un excellent petit
livre, « American Political Ideas », a fait de la
condition des masses américaines vivant dans
les petites villes et les villages, comparée à celles
des cités et de la campagne, le récit le plus
exact. Voici ce récit dont ma propre expérience
me permet de garantir la véracité :

« Généralement, le chef de chaque famille est propriétaire de la maison qu'il habite et du terrain sur lequel elle est bâtie. Les relations de propriétaire à locataire, bien qu'elles ne soient pas entièrement inconnues, sont rares. Aucune sorte de distinction sociale ou de privilège politique n'est attachée à la propriété de la terre, et les différences légales, entre la *real and personal property*, principalement, à l'égard des facilités de transfert, ont été réduites au plus strict minimum.

« Chaque chef de maison est un propriétaire absolu. On ne saurait pourtant le considérer comme un *lord of the Manor*, en miniature, parce qu'il n'existe pas de classe qui soit *vassale*, de façon permanente, comme un tel mot l'implique. Tout grand propriétaire s'occupe en personne de l'exploitation de ses terres. Il est assisté par ses fils ou par ses voisins auxquels l'exploitation de domaines plus petits laisse des loisirs. A l'intérieur de la maison, toute la besogne est généralement faite par la mère de famille et ses filles. Pourtant, malgré l'universalité du travail manuel, les gens sont bien loin de présenter l'apparence de paysans. Il est rare de rencontrer des pauvres ou des gens mal habillés. Il n'est pas un homme dans le village, envers qui il serait convenable de prendre un ton protecteur, ou qui

ne considérerait pas comme une grave injure
l'offre d'un shilling. L'ivrognerie et le crime
sont ausssi inconnus que la pauvreté. Dans un
village d'un millier d'habitants, on trouve une
maison de refuge où cinq ou six vieillards décré-
pits sont à la charge de la communauté; on y
trouve aussi une taverne où il n'est pas facile de
trouver de boisson plus forte que de la bière
légère ou du cidre. Les dangers de vols sont si
petits qu'on ne juge pas toujours nécessaire de
fermer les portes extérieures, pendant la nuit.
L'universalité de la culture littéraire est aussi
remarquable que la facilité avec laquelle tout le
monde s'adonne au travail manuel. Il est très
probable qu'un village de mille habitants aura
une bibliothèque publique *circulante*, dans
laquelle vous trouverez des *Lays Sermons* du
professeur Huxley, ou l'*Ancient Law* de Sir
Henry Maine. Il aura sûrement une *High-school*
et une demi-douzaine d'autres écoles, pour les
petits enfants. Une personne ne sachant ni lire ni
écrire est aussi rare qu'un albinos ou une personne avec six doigts. Le cultivateur qui bat son
grain et coupe son bois de chauflage a probablement un piano dans son salon, l'*Atlantic Monthly*
sur sa table, et, les œuvres de Milton, de Tenne-
pou, Gibbon et Macaulay, dans sa bibliothèque.
Sa fille qui a cuit le pain, dans la matinée, occu-

pera peut-être son après-midi, à peindre sur por-
celaine. Jadis les questions théologiques préoccu-
paient beaucoup les gens. Probablement, il n'y a
pas de partie du monde où la Bible ait été lue,
avec plus d'attention, et, où les mystères de la
doctrine chrétienne aient été l'objet d'aussi
ardentes discussions, dans chaque famille. C'est
pourquoi on trouve dans la Nouvelle Angleterre
un sens religieux profond, uni à une singulière
flexibilité d'esprit et de liberté de pensée. »

Telle est la Démocratie, telles sont ses conditions d'existence. En présence d'un tel spectacle,
peut-on soutenir que le pouvoir du peuple soit
dangereux pour l'État et la religion? En quel
endroit du monde, les institutions monarchiques
ont-elles créé une communauté si parfaite, si
intelligente, si exempte de crimes et de paupérisme, une communauté dans laquelle le plus
grand bien du plus grand nombre soit l'objet
d'une telle sollicitude, dans laquelle tout soit si
bien calculé pour encourager l'accroissement
des *self-respecting men*, — ce qui est le but
même que la civilisation se propose.

« Avant que l'homme ait fait de nous des
citoyens, Dieu avait fait de nous des hommes. »
Le républicain a nécessairement le respect
des lois de son pays et des lois de Dieu qui

font de lui l'égal de tous les autres hommes. Croyez-moi, lecteur : l'homme qui se respecte le plus lui-même est aussi celui qui respecte le plus les droits et les sentiments des autres.

Il serait aussi difficile d'amener la démocratie rurale de l'Amérique à sanctionner la confiscation de la propriété de ses plus riches voisins, à voter une mesure violente ou peu honorable, qu'à changer son président contre un roi. Nos institutions libres développent les meilleurs et les plus nobles traits, et ceux-ci, toujours, conduisent aux *golden rules*. Véritablement, ces hommes honnêtes, purs, satisfaits, travailleurs, patriotes, se demandent comment ils voudraient que d'autres agissent à leur égard. Ils cherchent ce qui est équitable. Il n'existe pas en Angleterre d'hommes aussi conservateurs, mais ce qu'ils veulent conserver, à tout prix, c'est l'égalité des citoyens, des lois justes et égales pour tous, en un mot, le républicanisme. Pour conserver tout cela, ils sont toujours prêts à combattre et, au besoin, à mourir, car, pour des hommes qui ont une fois goûté à l'élixir de l'*égalité* politique, la vie avec l'*inégalité* n'aurait aucun charme.

A chaque homme, dans une certaine mesure, est confiée, comme un dépôt sacré, la dignité humaine. Il ne peut y porter ni permettre à d'autres d'y porter atteinte. Les dignités héréditaires et les inégalités politiques portent atteinte aux droits de l'homme. Elles ne doivent donc pas être tolérées. Le vrai démocrate doit vivre l'égal des autres hommes, ou mourir pour le devenir.

OCCUPATIONS

*Toutes les nations ont reçu leur mission du ciel.
Chacune est le Messie de quelque grande idée,
ayant pour but le succès et le plaisir de l'homme.
L'une d'elles a mission d'enseigner que le travail
est divin.*   (LOWEL).

Il y a peu de bourdons dans la ruche républicaine ; ils n'y sont pas estimés. L'homme qui veut manger doit travailler. Une vie de loisirs élégants n'est pas digne d'un citoyen. La République ne lui doit pas les moyens d'existence. C'est lui qui doit à la République toute une vie de travail. Telle est l'idée républicaine.

Durant la période coloniale, les industries

de l'Amérique étaient entravées et molestées par
la politique mesquine du gouvernement impé-
rial. Les occupations des gens étaient nécessairement limitées à l'exploitation du sol. Les
diverses carrières qui maintenant sont un honneur pour la République étaient inconnues.
Un des principaux hommes d'Etat anglais avait
coutume de dire : « Les colonies n'ont pas le droit
de fabriquer même un clou de fer à cheval ».
En vertu de cette doctrine, les premiers colons
furent victimes de restrictions qui, si l'on
oubliait leurs désastreuses conséquences pour
les industries américaines, nous sembleraient
bien amusantes. La fabrication des chapeaux
était interdite ; celle du papier excitait de la
colère. Le tissage du *homespun cloth,* même
pour l'usage de ceux qui le tissaient, était considéré comme l'indication d'un esprit rebelle.
On avait tout juste le droit de mettre le fer
en saumon ; et seuls les navires anglais pouvaient commercer avec les colonies.

Mais, ne soyons pas trop sévères pour notre
mère patrie. En agissant ainsi, elle était de son
temps. A quoi bon les colonies, si elles
n'avaient une utilité directe pour le pays qui
les fondait et les protégeait ? Pourquoi l'Angleterre aurait-elle recherché de nouveaux débou-
chés pour ses habitants et son commerce, si

les colonies devaient se montrer ingrates, et la
frustrer du seul résultat qu'elle poursuivait,
en les créant ? Telles étaient les vues du temps,
en matière de colonisation. Il faut rendre cette
justice à l'Angleterre qu'elle reconnaît aujour-
d'hui combien il est futile de vouloir développer son commerce, au moyen de la colonisation, ou de se mêler des affaires intérieures des
colons. Elle leur permet de créer ce qui
leur plaît, de commercer librement avec toutes
les nations, aux conditions qu'ils fixent eux-
mêmes. A la vérité, ces enfants ne se montrent
pas toujours reconnaissants. Ils se tournent
contre leur mère, avec une incroyable audace.
Quand le besoin s'en fait sentir, nos amis les
canadiens flattent la « chère vieille femme »,
pour qu'elle ouvre les cordons de sa bourse à
l'enfant gâté. En de telles circonstances, le
Canada est fort respectueux, mais, cela ne
l'empêche nullement de taxer les produits de
sa mère, afin de créer des manufactures sur
son propre sol.

La République n'hésite point à créer un
tarif, et à déclarer qu'elle entend assurer chez
elle, à ses industries, les facilités de fabrication
dont jouissent les industries anglaises, et, les
battre, si possible. Et c'est ainsi qu'elle est
devenue la plus grande nation manufacturière

que le monde ait jamais connue. J'aime cette
hardiesse. La République qui s'est créée elle-
même, qui est un Etat libre et indépendant, a
le droit de faire ce qui lui plaît. La conduite
hypocrite et ingrate du Canada ne mérite que
du mépris. Il n'a pas le droit de taxer les industries de sa *bonne mère*, pour protéger les
siennes. S'il veut agir ainsi, que du moins il
cesse ses « loyales » pleurnicheries, et qu'il déclare, honnêtement, qu'il entend assumer les
responsabilités de son existence nationale et ne
plus compter sur l'assistance de sa mère.

Mais à quoi bon parler du Canada, ou de
toute autre colonie? Quel livre, quelle invention,
quelle statue ou quel tableau, quel *n'importe
quoi*, une colonie a-t-elle jamais produit, quel
homme, dans n'importe qu'elle colonie, s'est
jamais fait connaître, au delà des limites de son
district ? Une colonie ne peut fournir à
l'humanité autre chose que de la laine, du bois,
du blé et du bœuf. Si le Canada et les colonies
australiennes étaient des républiques libres et
indépendantes, le monde verrait aussitôt la démocratie produire une abondante moisson de
nobles travaux et de grands esprits. Et, pour
la nation qui enfanta ces nations, le résultat
serait infiniment préférable, même au point
de vue commercial. J'ajoute qu'elle serait infi-

niment plus fière de ses enfants, ce qui n'est pas une récompense à. dédaigner, pour une mère si affectueuse.

Si Lord Roseberry réussissait, dans son amusante marotte de Fédération Impériale (ce qui heureusement, est impossible), ces embryons de nations seraient étouffés dans leur berceau. Peut-on imaginer le grand continent démocratique d'Australie vraiment soumis à la petite île anglaise, à sa ridicule monarchie et à son étiquette surannée? J'ai entendu parler de la queue « qui remuait le chien » mais cette queue devait être joliment grande, et le chien joliment petit. L'Angleterre sera pour l'Australie de la nouvelle génération, une bien petite queue. Non, cela ne sera pas. Les continents de langue anglaise de l'Amérique et de l'Australie, et l'Angleterre leur mère seront des communautés politiques distinctes, mais, un jour viendra où ces communautés formeront une ligue de paix, dont l'un des buts sera de régler pacifiquement toutes les disputes internationales.

L'indépendance de la République amena tout naturellement la suppression des occupations dont nous venons de parler. La réaction dure encore, si tenace est l'animosité nationale engendrée par l'oppression! Avec une énergie surprenante, les gens changèrent leur vassalité coloniale pour leur indépendance nationale, dans le domaine industriel aussi bien que dans le domaine politique. Les longues guerres européennes qui suivirent, développèrent les industries embryonnaires de la République, en entravant l'importation des manufactures européennes. Un tarif aida aussi à ce résultat. Sans doute, ce système de surproduction fut suivi d'un désastre, mais les résultats atteints, sur le moment, furent des plus satisfaisants. Dès 1830, beaucoup d'industries étaient solidement établies, et, depuis cette époque, leur développement s'est continué, avec une régularité que la terrible guerre civile elle-même, ne put arrêter.

Les occupations des gens d'il y a un demi-siècle, nous semblent étrangement primitives, quand on les compare à celles d'aujourd'hui. A coup sûr, cette différence semble être l'œuvre de dix siècles, plutôt que de dix décades. Prenons comme exemple la manufacture de chaussures de Lynn, dans le Massachusetts. Il y a cinquante ans, le visiteur de ce village entendait le bruit de nombreux marteaux, qui sortait des petits hangars de bois appuyés contre les maisons. Il était produit par des disciples de Saint-Crépin frappant la forme placée sur leur genou. Peut-être fabriquaient-ils une paire de souliers par jour. L'été venu, ils devenaient cultivateurs ou pêcheurs, et le bruit des marteaux cessait. La ville de Lynn compte aujourd'hui quarante cinq mille habitants, et un grand nombre de magnifiques bâtiments qui ont remplacé les anciens hangars de bois. De ces bâtiments les bottes et les souliers sortent par millions, sans que la main s'en mêle. Ils sont coupés, cloués et cousus par les machines. Le Massachusetts est l'*État soulier* par excellence. En 1835, suivant Mulhall, il y avait, dans cet Etat, trente mille cordonniers de plus qu'en 1880, et, pourtant, dans cette dernière année, les usines fabriquèrent des chaussures, pour une valeur de $ 70.000.000 de plus qu'en 1835.

Des changements non moins grands se produisirent dans la nature du travail des industries textiles. En 1830, les objets de laine, de fil et de coton étaient fabriqués principalement à la maison. Dans la « Topography of the United States » de Hinton, on lit que « des milliers de familles filent, font leurs vêtements, leurs draps, leur linge de table, etc. Elles achètent du coton filé, et, souvent le mélangent avec leur propre fil et leur laine. Les couvertures, les courtepointes et les couvre-pieds, bref, presque tous les articles d'un usage domestique, sont fabriqués par la famille. On estime que les deux tiers

des vêtements, du linge, des couvertures, etc.,
employés par les habitants de l'intérieur, sont
fabriqués ainsi. Il en est de même du savon et de
la chandelle ». Mais de nombreux progrès étaient
en train de révolutionner les méthodes industrielles du jour. La machine à vapeur remplaçait gra-
duellement la roue à eau, ou la supplémentait,
quand les rivières étaient gelées, assurant ainsi
la régularité du travail et débarrassant les fa-
bricants du cauchemar d'un capital qui dormait
la moitié de l'année. Les chemins de fer et les
canaux augmentaient rapidement les facilités de
circulation des produits manufacturés. De grands
progrès dans la mécanique diminuaient de plus
en plus l'importance du travail manuel. Ainsi,
en 1834, un fuseau filait, en moyenne, de un
sixième à un tiers de plus qu'il n'en filait, quelques années avant. On disait en 1834 « qu'une
personne filait, dans un temps donné, un poids
de fil double du poids qu'elle filait en 1829. » Il
en résulta un changement complet, dans la
manière de vivre des gens. Au lieu de travailler,
avec le rouet antique, dans les fermes, ou avec
le métier à main, dans le cottage rural, les
fileurs et les tisseurs se rassemblèrent dans les
grandes villes. C'est là une des causes du grand
développement des villes.

Il y a cinquante ans, un grand nombre de

gens s'adonnaient à l'agriculture, un autre métier que les machines ont complètement métamorphosé. Cette transformation est exprimée avec une extraordinaire éloquence, dans ces deux extraits :

« Parmi les nouvelles inventions destinées à augmenter le paupérisme en Angleterre, nous observons une machine à battre à vapeur portative. » — *New-York. Evening Star, August 1834.*
« Le nommé Glin a quarante-cinq mille acres plantés en blé. Dans cette ferme, on emploie des machines perfectionnées. Chaque machine peut faucher, battre, vanner et mettre en sac soixante acres de blé, par jour, » — Mulhall's Progress of the World, p. 449 (date, 1880).

En présence d'un tel constraste, nous avons à peine besoin des déclarations de M. Murray qui écrivait en 1834 : « L'agriculture aux Etats-Unis est dans son enfance ». La déclaration suivante est également intéressante : « Le pays est couvert d'épaisses forêts. L'Etat de New-York, lui-même, sur trois quarts de sa superficie, est encore boisé ». Depuis cette époque, le développement de l'agriculture a été phénoménal. Les fermes de l'Amérique éga-

lent en superficie le territoire de l'Angleterre, de la France, de la Belgique, de l'Allemagne, de l'Autriche, de la Hongrie et du
Portugal. Les champs de blé ont une superficie égale à l'Angleterre, à l'Ecosse et la Belgique, et les champs de céréales couvriraient
l'Espagne. Les champs de coton couvrent une
étendue plus grande que la Hollande et deux fois
aussi grande que la Belgique. Les champs de riz,
les plantations de cannes à sucre et de tabac
formeraient aussi des royaumes de dimensions
respectables. Et l'agriculture en Amérique est
si perfectionnée, que Mulhall estime qu'un cultivateur comme M. Glin ou M. Dalrymple, avec
un champ de blé couvrant cent *miles* carrés,
et avec quatre cents domestiques de ferme, peut
produire autant de céréales que cinq mille petits
propriétaires en France.

Malgré ces résultats, on est heureux d'apprendre que même avec des avantages si considérables, ces exploitations gigantesques ne peuvent
lutter, avec succès, contre les fermes plus
petites, possédées et cultivées par des familles.

La République est aujourd'hui, comme elle
le fut toujours, une nation de travailleurs. Les
oisifs y sont rares — beaucoup plus rares,
que dans toute autre grande nation. Le travail
y est largement récompensé ; dans chaque

métier on peut réussir. La famille qui se met hardiment en route pour l'ouest, s'installe sur le sol, et le fructifie de son travail, peut être assurée d'acquérir l'aisance, bien avant la vieillesse. L'ouvrier habile et énergique commence par devenir contre-maître, puis il s'associe ou fonde une affaire. Evidemment, à mesure que le pays se remplit, la réussite devient de plus en plus difficile, mais cette difficulté n'a d'autre résultat que d'augmenter le courage des gens et les obliger « à faire leurs foins, pendant que le soleil brille ».

L'Américain travaille plus que l'Anglais. Son application est plus grande ; ses heures plus longues ; ses vacances plus courtes. Jusqu'à ces derniers temps, il n'existait pas de classe oisive. Aujourd'hui encore un homme qui ne se livre pas à quelque occupation utile n'a aucun droit au respect de ses compatriotes. L'Américain, même s'il est enclin à la paresse, doit faire quelque chose. Il est obligé de se mêler à l'armée des travailleurs, en raison de l'impossilité absolue de trouver des compagnons pour ses heures de loisir. Ceux qui connaissent la *mère* et l'*enfant* sont particulièrement frappés par la différence, entre les Américains et les Anglais, sous ce rapport. Quand on a besoin en Angleterre pour une partie de plaisir de

gentlemen bien élevés et agréables, on en trouve
vingt contre un qu'on trouverait dans cette
Amérique, à haute pression. L'Américain a toujours tant à faire ! Même en été, quand la famille
habite la campagne, l'homme se rend fréquemment à la ville, pour s'occuper de ses affaires.

Le gentleman anglais, au contraire, semble
toujours avoir à sa disposition quelques jours
de distraction. Les dames, des deux côtés de la
mer, sont également prêtes au plaisir. La femme
américaine semble avoir autant de loisirs que
sa sœur anglaise. Pourtant, je dois noter que
des signes de changement commencent à apparaître. Un petit nombre des meilleurs hommes de
cette génération, principalement dans les villes
de l'Est, ayant hérité de grosses fortunes, se
consacrent aux affaires publiques, non pas
nécessairement aux affaires politiques, comme
un Anglais pourrait le croire, et ils dédaignent
d'ajouter « plus à ce qui est suffisant ». Le
travail le plus pénible et le plus pressant, celui
du défrichement et de la mise en valeur du
pays est en grande partie terminé, et, aujour-
d'hui cela est visible partout, les gens s'affinent
et élèvent leur niveau moral. C'est ainsi que
se développe une société libre à laquelle sont
réservées les plus hautes destinées.

Le *census* de 1880 a montré que le nombre

de personnes se livrant à des occupations lucra-
tives et honorables dépassait dix-sept millions
deux cent cinquante mille, ce qui faisait trente
quatre et demi pour cent de la population
totale. Cette proportion est plus grande que
celle indiquée par le *census* de 1870. Sans
doute, chaque nouveau *census* est fait de façon
plus complète que le précédent. Mais, même
cela accordé, il est évident que, en raison du
développement des usines, de la division du
travail de plus en plus grande, et surtout du
nombre plus grand d'occupations accessibles
aux femmes, un nombre d'Américains plus considérable que jamais, est, à l'heure actuelle, en
train de besogner.

L'augmentation du travail des femmes est
très sensible. En 1880, la proportion des femmes
travaillant s'était élevé à onze cent quatre-vingt-
dix, au lieu de mille, en 1870, une augmentation de près de douze pour cent, tandis que le
nombre des hommes avait augmenté seulement
de mille à mille soixante-sept, ce qui fait une
augmentation de moins de sept pour cent. Il
est évident que la femme américaine est en train
de conquérir, avec persévérance, le droit de
partager avec l'homme les nombreuses occupations dont jusqu'ici elle avait été exclue.

Lowthian Bell, étant en Amérique, faisait

remarquer qu'il avait toujours entendu parler
des grandes inventions industrielles faites
par les Américains et de leurs étonnantes
aptitudes, dans cette branche d'activité, mais
que, tout bien examiné, la plupart de ces inventions avait été faites par des Anglais. Cette
opinion est corroborée par les exemples de
M. Burden, un écossais, qui inventa la machine
à fabriquer les fers à cheval, de M. Thomas, un
Gallois qui le premier fondit le fer avec de l'anthracite, de M. Chilsome, de Dumferline, un
écossais, qui créa les énormes usines de rails
d'acier et de fils d'acier, à Cleveland, de Isaac
Stead, un anglais entreprenant, qui monta les
premiers métiers de tapisserie à Philadelphie,
de M. Wallace, fondateur de fameuses usines
de cuivre à Ansonia, et de beaucoup d'autres.
C'est un fait bien digne de remarque que beaucoup de fabriques Américaines sont dirigées
par des Anglais de naissance. Quarante-neuf
pour cent des Écossais et des Anglais résidant
aux États-Unis travaillent dans des manufactures, une proportion beaucoup plus grande que
celle qu'on trouve partout ailleurs. Les Américains indigènes se livrent surtout à l'agriculture, dix-neuf pour cent d'entre eux travaillent
dans les usines. Quarante-trois pour cent des
Irlandais se livrent à des professions serviles ou

libérales, *personal and professional services*.
On peut donc encore prétendre avec raison que
les Anglais sont les manufacturiers du monde.
Rendons hommage à notre race, non seulement
pour la production de notre pays natal, qui jusqu'alors n'avait pas été égalée, mais aussi, dans
une large mesure, pour la production plus
grande encore de la République. Dix-neuf pour
cent des Américains nés en Amérique, contre
quarante-neuf pour cent de ces opiniâtres insulaires, se livrent à l'industrie.

Vraisemblablement, cette proportion trois
fois supérieure sera maintenue par leurs enfants
Nous ne devons pas laisser le Yankee s'attribuer tout l'honneur de la suprématie industrielle
de ce pays. Qu'aurait-il été sans la souche d'où
il est sorti ? Jugez, mes compatriotes, de quoi
votre race est capable quand elle est débarrassée de lois injustes, et qu'elle jouit d'une égalité
absolue, sous des institutions républicaines. La
force de l'homme est dans l'esprit. Le « Wester-
ner » qui pesait deux cents livres, quand il était
assoupi, et, plus d'une tonne quand il était éveillé,
est exactement dans la situation de l'homme né
sous un roi et privé de l'égalité, à sa naissance,
comparé à lui-même quand la République le cou-
vre des plis du manteau de la fraternité. L'Anglais assoupi dans son pays devient une force ici.

Le prix de la vie a été beaucoup plus élevé dans la République. Certes, l'ouvrier pourrait y vivre à aussi bon compte qu'en Angleterre; mais il ne le veut pas. Des salaires élevés et la sécurité d'un travail régulier engendrent des besoins plus grands. Les ouvriers veulent des maisons plus confortables, une nourriture plus choisie, des vêtements plus soignés, un plus grand nombre de livres et de journaux. Et, pour avoir tout cela, ils dépensent plus d'argent. On fabrique, en Amérique, cent soixante-quinze mille pianos, orgues et harmoniums, dont les trois quarts restent dans le pays. Rien n'est plus suggestif que ce fait. Dans d'autres pays, des gens de la même situation sociale ne songeraient jamais à acheter un piano.

De façon générale, l'ouvrier américain a des habitudes plus régulières que l'ouvrier anglais; il est beaucoup plus sobre et doué de goûts plus élevés. Dans ses plaisirs, on trouve à peine trace des rudes distractions des districts manufacturiers d'Angleterre, telles que combats de coqs, ou de blaireaux, combats de chiens, assauts de boxe. Jamais on n'entend parler d'un homme qui bat sa femme; l'ivrognerie est fort rare. Le manufacturier en fait une cause de renvoi immédiat. Durant toute ma vie, au milieu des ouvriers, j'ai rarement vu un Américain en état d'ébriété, et jamais il n'est venu à ma connaissance que l'ivrognerie eût été à l'usine l'occasion de troubles ou une perte de temps. Même le 4 Juillet, les hauts-fourneaux fonctionnent aussi régulièrement que les autres jours. Si la « Glorious Fourth » se passe ainsi, toutes les autres tentations ne sauraient être qu'inoffensives. Car s'il est un jour du calendrier qui puisse pousser l'ouvrier à des démonstrations de joie irrépressible, c'est à coup sûr le jour de l'Indépendance.

Cela me remet en mémoire l'histoire, ancienne déjà, d'un des principaux maîtres de forges de la « Western Pennsylvania ». Le 4 Juillet, il passait près de son usine, se rendant à l'église (à cette époque, des services étaient célébrés, ce jour-là, dans toutes les églises, et les prédicateurs avaient coutume de torturer l'aigle américain jusqu'à le faire crier). Tout à coup, le son de marteaux frappe son oreille. Il arrête son « buggy », écoute un instant, puis descend et se rend à l'endroit où quelques hommes travaillaient ferme à une réparation de chaudière. Au travail, le 4 Juillet ! Républicains dégénérés ! Et, au moment même où il se rendait à l'église pour remercier Dieu d'avoir établi les droits inaliénables de l'homme ! Il était le fils d'un Anglais qui avait quitté sa patrie, en raison de son républicanisme. Il ne put supporter un tel sacrilège. Il fit sortir tous les ouvriers de l'usine, en jurant qu'il ne supporterait jamais qu'un homme à son service frappât un coup de marteau, en ce jour sacré. Ses reproches au régisseur ne furent pas moins énergiques : « Que faites-vous ? cria-t-il. Vous réparez des chaudières un pareil jour ! N'avez-vous pas assez de nuits du samedi et même de *diman-ches* pour ce genre de travail? » Le régisseur mourut sans avoir pu regagner le respect et la confiance de mon vieil ami si patriote. Sa profanation fut pardonnée, mais non oubliée. Tous les éloges que mon ami faisait de la compétence de son directeur se terminaient par « mais ». Et nous savions tous que ce « mais » faisait allusion à cette impardonnable faute.

Les abeilles humaines de la ruche américaine sont réparties en quatre grandes classes. La première comprend sept millions sept cent cinquante mille cultivateurs qui caressent notre mère la terre avec la houe, afin qu'elle daigne fournir une riche moisson, nourrir leur bétail sur des milliers de collines et leurs moutons dans les prairies que des ruisseaux murmurant rendent fraîches et verdoyantes. Ah ! la vie plaisante et saine que celle là, toute parfumée des plus douces odeurs de la nature, toute rem-

plie du repos et du calme des jours primitifs !
Ces travailleurs récoltent les roses de la vie, et
méritent notre envie. Leur existence est très
occupée, mais ils ne s'en trouvent pas plus
mal. C'est l'homme inactif qu'il faut plaindre.

Après ces travailleurs de plein air si dignes
d'être enviés, viennent ceux de la deuxième
classe qui travaillent dans les usines. Ils sont
trois millions huit cent mille. Ces vigoureux
fils de Vulcain sont moitié moins nombreux que
les fils de Cérès. Le génie inventif et l'habileté
mécanique, sous toutes leurs formes, trouvent
leur emploi dans cette armée. La variété des
efforts est d'une importance vitale pour une
nation. Nous la trouvons ici. Enfermés dans
des comptoirs et dans des usines, du matin au
soir, noirs de fumée et de poussière, au milieu
de l'éternel ronflement des machines, ces habiles travailleurs façonnent les objets conçus par
l'esprit de l'homme, depuis les épingles jusqu'aux ancres. Cette classe comprend tous ceux
qui, au sens littéral du mot, vivent dans les
entrailles de la terre, qui, au fond de mines inson-
dables, dérobent à la terre ses trésors cachés et
les mettent au service des hommes. Il est digne
de remarque que si, dans l'agriculture, sept
pour cent des travailleurs sont des femmes,
dans les usines, la proportion s'élève jusqu'à

seize pour cent. Plus de six cent mille femmes se consacrent aux besognes les plus faciles de l'industrie. Cette classe mérite toute notre sympathie. Sa besogne est la moins agréable de toutes. Privées de la vue du ciel, enfermées dans les mines ou les usines, elles semblent bannies de la présence de la nature. C'est la classe à laquelle nous devons le plus penser, dans nos règlements du dimanche. Que ce jour là, du moins, ces ouvriers puissent contempler Dieu, dans la nature. Enfermer, entre des murs, le septième jour, ceux qui ont été incarcérés les six autres, est une cruauté. Aucun réformateur ne voudra-t-il donc admettre que les bocages ont été les premiers temples de Dieu, et n'y enverra-t-il les travailleurs y passer leur seul jour de liberté ? L'assemblée religieuse, au milieu des bois, qui avait lieu chaque année est en train de disparaître ; elle avait ses avantages. Hommes et femmes de la classe ouvrière pouvaient ainsi jeter un coup d'œil sur la nature.

La troisième classe est un peu plus nombreuse que la précédente ; elle atteint quatre millions. Les professions libérales, celles de ministres, docteurs, hommes de loi, auteurs, sont toutes recherchées. L'Amérique a le bonheur de recevoir peu de représentants de la noble profession des armes, profession qui consiste à massacrer ses semblables. Les domestiques constituent une armée. L'Irlandais choisit cette profession beaucoup plus facilement que toute autre. Bien entendu, la proportion des femmes est beaucoup plus grande dans cette classe que dans les autres. Leur nombre s'élève à un million trois cent soixante mille, un tiers du nombre total.

La quatrième classe comprend ceux qui s'occupent de commerce et de transports. Ils sont un million huit cent mille, dont soixante mille femmes seulement. Nous avons ainsi dix-sept millions d'abeilles travaillant dans la ruche nationale, où il n'y a pas de place pour ceux qui « ne travaillent, ni ne filent ». Dans cette ruche, on ne tue pas les bourdons, de temps à autre; on ne leur permet pas de vivre. Si un d'eux, par hasard, échappe au massacre et circule, sans se livrer à aucune besogne qui puisse justifier son existence, on le regarde comme cet homme de campagne regardait le « dude » (gommeux), que, pour la première fois de sa vie, il voyait dans Broadway : « Quel drôle de gibier, on voit, disait-il, quand on sort de sa maison sans fusil. ». Dans le cœur de tout Américain, se trouve l'idée héréditaire que la seule chose à faire de l'homme inutile, inoccupé, qui chasse le renard et aime le plaisir, chose bonne aussi pour l'État, c'est, sinon de le tuer, du moins de s'en moquer. Le dernier hobereau qui fit à l'Amérique l'honneur d'une visite répondit à une jeune et jolie Américaine qui lui demandait comment les classes aristocratiques et désœuvrées passaient leur temps : « Elles vont d'une maison à l'autre, et cela les amuse beaucoup. Elles ne se livrent jamais à aucun travail. » Il s'attira cette réponse : « Nous avons ici des gens de la même espèce, — les *tramps* (vagabonds). »

AGRICULTURE (1)

Avec leurs épées, ils forgeront des charrues, et avec leurs lances, des serpes. Les nations ne lèveront plus l'épée les unes contre les autres, et elles n'apprendront plus l'art de la guerre.

ISAIAH.

Cérès est la principale divinité de la République. C'est devant elle que les Américains font leurs plus humbles révérences. En échange, elle leur prodigue ses plus gracieux sourires.

En 1880, voici quelle était l'importance des nations, sous le rapport de la valeur des produits agricoles : La République vient la première avec $ 3.020.000.000. Il lui a fallu un

(1) Voir Appendice.

peu moins d'un siècle, pour s'avancer de la
queue à la tête de la colonne. La Russie, avec
son immense étendue et ses 100.000.000 d'habitants, suit, à une respectable distance, avec
$ 2.545.000.000. La *Belle France* la serre de
près. Sa production atteint $ 2.220.000.000,
dans lesquels, le vin entre pour $ 225.000.000.
La production des énormes champs de blé de
l'Autriche et les plaines de la Hongrie monte
à $ 322.000.000. Le sixième rang, appartient
à la magnifique *Isle of the Sea*, petite mais
puissante, avec $ 1.280.000.000, une somme
prodigieuse, pour sa petite étendue. L'Italie,
l'Espagne, l'Australie et le Canada, en réunis-
sant leurs produits, viennent en queue de la
liste, avec une valeur d'environ la moitié de
celle de la République. Que nous réserve la
prochaine décade ? Peut-être aucun changement dans l'ordre des nations, mais, à coup
sûr, la République devancera de plus en plus
toutes les autres.

Nulle victoire pacifique n'a été aussi longtemps différée, ni si complète, quand elle se
produisit, que la conquête du sol. Il y a cent
ans, sur toute la surface de la terre, l'agriculture était dans une situation à peine meilleure
que mille ans plus tôt. On n'a pas craint d'af-
firmer que les Grecs, les Romains, les Egyp-

tiens et les Assyriens cultivaient leur sol mieux qu'aucune autre nation d'il y a seulement un siècle ? Le système des assolements était à peu près inconnu. Les champs épuisés par une succession de récoltes de même nature étaient laissés en jachère, comme au temps de Moïse. Quand on pratiquait le drainage, c'était de la façon la plus sommaire. Dans un sol détrempé, les récoltes étaient clairsemées, de mauvaise qualité et malsaines. Les instruments de culture étaient du type le plus primitif. La charrue était généralement employée ; elle était à peine supérieure à celle du temps de Virgile ; elle ne faisait qu'égratigner le sol. Le semeur, avec une corbeille retenue à son cou par une corde, s'avançait dans le champ et semait des poignées de grains, de droite et de gauche, comme il est décrit dans la parabole, ou, comme on le voit encore, dans les dessins des almanachs de campagne. La faucille, presque aussi ancienne que les collines sur lesquelles le vent faisait moutonner les épis mûrs, était le seul moyen connu de couper ces épis et, le fléau si pénible à manier du batteur, dont parle le poète Burns, était le seul moyen connu de séparer les grains de la paille.

L'élevage du bétail n'avait, lui aussi, fait que des progrès insignifiants. La qualité de la nourriture donnée au bétail était si mauvaise que nul soin ne pouvait améliorer la race.

Le poids moyen des bœufs et des moutons vendus sur le *Smithfield market* a plus que doublé, depuis le milieu du dernier siècle. Ce résultat provient de la meilleure qualité de la nourriture autant que de l'amélioration ou des soins dans l'élevage.

La condition primitive de l'agriculture, en Amérique, il y a un siècle et demi, ressort clairement des lignes suivantes extraites du livre d'un voyageur Suédois, Kalm. Parlant des colons de *James River*, il écrit :

« Ils ne font presque pas de fumier pour leurs champ de blé. Quand une pièce de terre a été épuisée par des récoltes continuelles, ils défrichent et cultivent une pièce de terre nouvelle. Quand elle est épuisée à son tour, ils l'abandonnent de même. Leurs troupeaux errent en liberté, dans les bois et sur les terres incultes, à moitié affamés. Depuis longtemps, ils ont détruit presque toutes les herbes, en les broutant trop tôt, au début du printemps, avant qu'elles aient eu le temps de fleurir ou de semer leurs graines. »

Par suite de mauvaise nourriture, la taille du bétail diminuait de génération en génération jusqu'au point de leur mériter l'appellation de *runts* (nains).

Les progrès faits, dans l'agriculture et l'élevage du bétail, durant la dernière moitié du siècle, ont été prodigieux ; la plupart sont le résultat de machines dues au génie d'invention américain, et, aussi, à celui des européens stimulés par la concurrence de l'Amérique. Dès le début, les hommes d'État ont consacré beaucoup de leur énergie à l'agriculture. Washington, écrasé sous le poids des soucis comme peu d'hommes le furent, trouvait le temps de surveiller des opérations agricoles et des expériences. L'importance de l'agriculture, pour la civilisation, forma le texte de son dernier message annuel au Congrès, et son dernier travail important, écrit seulement huit jours avant sa mort, était une longue lettre destinée à son chef de culture. Les trente-deux feuillets de cette lettre contenaient des instructions, pour plusieurs années. La plupart des successeurs de Washington à la présidence s'occupèrent personnellement d'agriculture. L'un des plus distingués d'entre eux, M. Jefferson inventa la charrue pour labourer au versant des collines. Adams, Calhoun, Clay et Webster oubliaient les anxiétés du pouvoir, dans les pacifiques occupations des champs. Le perfectionnement de l'agriculture n'a pas cessé d'être le premier souci des hommes d'État et des simples citoyens américains. Aujourd'hui la République est la première du monde, non seulement sous le rapport du chiffre de ses produits agricoles, mais aussi sous le rapport de la perfection des méthodes.

Un quart de la richesse totale de l'Amérique est employé à la culture du sol, et c'est là environ la proportion que l'agriculture fournit à l'industrie. On ne peut se fier aux statistiques de 1830. Les chiffres du *census* de 1850, qui fut très complet, indiquent que, dans le court espace de trente ans, le total des terres améliorées a plus que doublé. La table suivante montre l'étendue et la régularité des progrès accomplis :

	1850	1860	1870	1880
Total des acres (1) en fermes....	293.560.614	407.212.538	407.735.041	536.081.835
Acres améliorés...	113.032.614	163.110.720	188.921.099	284.771.042
Nombre des fermes	1.449.073	2.044.077	2.659.985	4.008.907
Dimension moyenne des fermes....	203	199	153	134

On peut voir que malgré les gigantesques entreprises qui ont été à la mode, ces années dernières, dans quelques-uns des États du Nord-

(1) Acre : 40 ares 46 centiares.

Ouest, il y a une tendance vers les petites exploitations. La dimension de la moyenne des fermes est descendu de 203 acres, en 1850, à 135 acres, en 1880. Ce résultat a été atteint, sous un régime d'absolue liberté. Nous avons donc le droit de dire que l'exploitation de domaines assez restreints, pour pouvoir être cultivés par une seule famille, est le système qui convient le mieux à l'Amérique. Quand j'étais dans le Nord-Ouest sur les immenses propriétés qu'on y trouve, des agriculteurs sagaces de la région me prédirent que les petits cultivateurs, avec des fermes ne dépassant pas 160 acres élimineraient les grands capitalistes qui ont entrepris de cultiver des milliers d'acres, avec le travail d'autrui. C'est là une heureuse perspective. La centralisation qui semble indispensable à l'industrie n'envahira pas le domaine agricole. L'État peut se reposer, en toute sécurité, sur des millions d'habitants qui possèdent et cultivent le sol divisé en petites exploitations. De tels citoyens sont faits du meilleur sang de la République.

Les terres améliorées, en 1880, ne formaient que quinze pour cent de l'étendue totale, mais, même à cette époque, d'après Mulhall, elles produisaient trente pour cent des céréales du monde entier. Le capital engagé dans les fermes et l'agriculture, était de $ 10.600.000.000 c'est-à-dire qu'il était trois fois plus considérable que le capital engagé dans l'industrie. La différence entre les *acres in farm* et les *acres improved* est la suivante : les premiers comprennent des parties boisées et des forêts, qui sont la propriété du fermier, mais qu'il n'a pas encore défrichées, pour les ensemencer. Généralement les fermes se composent par moitié de ces deux catégories de terres, de sorte que la production du pays peut être considérablement augmentée, et sans doute sera augmentée, par les fermiers actuels, sans que le nombre des fermes augmente beaucoup. Le nombre d'acres en plein rapport est de 284.771.042, dont 74.703.898 sont en prés, pâturages, vergers et vignobles.

La majorité des fermes en Amérique est cultivée par les propriétaires. Environ trois millions sur quatre appartiennent à cette classe. Huit pour cent du nombre total étaient prises en métayage. Les fermes en location sont les plus petites et leur nombre décroît continuellement. C'est seulement dans le Sud que le système de location, avec une part dans les bénéfices a pris un certain développement. Ce système s'est développé, depuis la guerre, par suite du morcellement des grandes plantations.

La plupart des métayers sont des nègres. Ce régime marque une étape temporaire succédant à l'esclavage, et il disparaîtra à mesure que les locataires pourront acheter les terres à leurs propriétaires et anciens maîtres. Il n'existe pas de loi de primogéniture ni de substitution en Amérique, et le transfert est à peine plus difficile que la vente ou l'achat d'un cheval.

L'Amérique a marché avec des bottes de sept lieues. En 1850, elle produisait seulement 867.000.000 de *bushels*,(1) dix ans après elle en produisait 1.200.000.000, dix ans après 1.400.000.000. Et, après dix autres années, en 1880, 2.700.000.000 *bushels* sortirent du sein de la terre, notre mère généreuse. Dans ce total le maïs entre pour 1.750.000, le blé pour 460.000.000 et l'avoine pour 407.000.000. La production du maïs est donc double de celle du blé et de l'avoine. Le maïs est consommé en Amérique. Il constitue la nourriture des porcs, des chevaux, et aussi sur une grande échelle, celle du bétail, dans tout le pays...

La production de l'orge augmente rapidement. En 1850, d'après le *Census*, on en récoltait 5.000.000 de *bushels*. En dix ans, la production passa à 16.000.000. En 1880, elle était de 44.000.000.

(1) Bushel : 35 litres 34.

En 1880, il n'y avait que 1.840.000 acres plantés en seigle ; ils produisaient 20.000.000 de *bushels*.

Ce n'est ni le maïs, ni le coton, ni le blé, ni l'orge, ni l'avoine, ni le seigle qui occupent la première place dans l'agriculture, mais une herbe plus modeste. Le foin est la plus précieuse des récoltes américaines. La quantité coupée en 1888 dépassait 36.000.000 de tonnes, couvrant plus de 30.000.000 d'acres.

Le sorgho est une plante d'importation récente. Quoique étranger, il semble prospérer dans sa nouvelle patrie. Sa culture s'étend rapidement.

Nous arrivons maintenant à la principale culture du Sud, au *King Cotton*, un ancien et honorable produit, certes. Hérodote, quatre cent cinquante ans avant Jésus-Christ, ne nous dit-il pas que les Indiens en faisaient du drap, et César ne couvrait-il pas le Forum et la Voie Sacrée avec des voiles de coton, pour abriter des rayons du soleil les dignitaires de la cité impériale ? C'est en 1621 que le premier arbre à coton fut planté en Amérique. Le climat ne lui fut pas favorable. De nombreux essais échouèrent, bien qu'ils aient été renouvelés à différentes époques et à différents endroits. Plus de cent cinquante-sept ans s'écoulèrent avant qu'on exportât une livre de coton.

En 1784, une petite quantité de coton fut importée à Liverpool. On le considéra d'abord comme une transaction illégale, parce qu'on refusait de croire qu'il venait d'Amérique. Quand, vers la même époque, un droit sur l'importation des cotons étrangers fut proposé au Congrès des États-Unis, un des représentants de la Caroline du Sud déclara que les planteurs de la Caroline du Sud et de la Géorgie avaient l'intention de cultiver le coton « et que cette culture pourrait réussir, si on leur procurait de bonnes semences ».

Nous ne devrions jamais nous hâter d'abandonner une chose nouvelle, que ce soit une plante ou une idée ; souvent, le dernier échec ne fait que précéder le succès. Durant les six années qui suivirent, les exportations en Angleterre furent respectivement de 109, 389 et 844 *bags* (1). Après la guerre de l'Indépendance (1776), le coton commença à attirer l'attention. La machine de Whitney, pour séparer la graine de la fibre, supprima le dernier obstacle à une production presque illimitée. Un droit sur l'importation des objets de coton fit naître la fabrication des tissus en Amérique. La culture du coton en reçut une impulsion nouvelle, et l'Amérique devint bientôt la princi-

(1) Sac.

pale source d'approvisionnement du monde. Sans remonter au-delà d'un demi-siècle, en 1830, on récoltait 976.845 *bales* (1). En 1880, la récolte s'élevait à 5.757.397 *bales*, estimées à $ 275 millions. De la récolte de 1830, on exporta pour une valeur de $ 30.000.000; de la récolte de 1880, pour $ 220.000.000, dont l'Angleterre prit près des deux tiers. Les dernières exportations comprenaient du coton manufacturé, qui, en 1830, n'existait pas encore. La valeur de l'exportation du coton dépassait ainsi celle du blé de $ 30.000.000.

La culture du tabac continue à prospérer en Amérique. Mais sûrement, l'homme de l'avenir ne fumera pas.

La *chique* est déjà une habitude du passé, la pipe et le cigare sont condamnés. Aux générations prochaines le fumeur semblera aussi dégoûtant que le chiqueur le semble à cette génération. La récolte du tabac, de 1870 à 1880 à augmenté de quatre-vingt pour cent. Aujourd'hui, 638.000 acres sont occupés par cette culture. La valeur du tabac en 1880, était de £ 3.500.000. Frère Jonathan partage équitablement son tabac, avec le reste du monde ; il en expédie moitié à l'étranger et il fume l'autre moitié : « Prenez un cigare » dit-il, aux

(1) Balle.

nations moins favorisées. Il n'en réserve qu'un seul pour lui. Généreux Jonathan !

Nous ne devons pas oublier le prétendu produit de la vieille Irlande, la pomme de terre, dont l'origine est bien américaine. L'Amérique occupe une bonne place, pour cette culture : En 1880, elle a récolté 203.000.000 de *bushels*, un peu plus de 4 *bushels*, pour chaque homme, femme ou enfant. Je ne crois pas avoir eu ma part, qui, pour un adulte, est de 6 *bushels*. Je ne crois pas non plus qu'un seul Américain consente à avouer qu'il a dévoré cette part. Il contestera plutôt l'exactitude des statistiques.

Mais comme pas un seul *bushel* ne fut exporté, il faut bien nous résigner à passer pour des mangeurs de pommes de terre, où à soupçonner nos compatriotes Irlandais d'en avoir mangé, ce qui est probable, plus que leur part.

L'énorme quantité de fruits consommés et récoltés en Amérique est un étonnement pour l'étranger. Malgré leur bon marché, les produits des jardins, en 1880, étaient évalués à $ 52.500.000. On importait une moyenne de six livres de fruits par personne, ce qui représentait une valeur de $ 20.000.000.

La valeur totale des produits agricoles récoltés par l'oncle Sam, en 1880, était de $ 2.225.000.000, et cette année-là, ils se vendaient mal. Depuis, cette valeur a atteint un chiffre très supérieur, plus de $ 2.500.000.000. Mulhall évalue le total des produits agricoles pour 1884, à $ 2.721.500.000.

Examinons maintenant les animaux qui vivent sur cette gigantesque ferme, et les produits qu'on en tire.

Voici d'abord les porcs, une masse fort mêlée, allant du patricien Howard (he of Bedford M. P.), au grogneur à long museau qui doit « root, or die ». 56.750.000 de ces animaux passent devant nous. Vous pouvez imaginer leurs salutations ! Tout homme, femme ou enfant possède un peu plus de son porc. Vient ensuite le bétail aux « gros yeux ». On en compte 46.000.000 têtes, parmi lesquelles 18.500.000 vaches. Elles sont les plus nombreuses et les plus également réparties. Sur toute la surface de l'Amérique, chaque famille de trois personnes a sa vache à lait, et une fraction d'une autre vache. Il n'y a pas moins de 45.000.000 de moutons, ce qui fait presque un mouton par personne.

Vous plaît-il de jeter un coup d'œil sur les chevaux d'oncle Sam ? Je vous présente douze millions et demi de ces nobles et utiles animaux, depuis les plus rapides trotteurs du monde, depuis « Maud S », avec son record de 1 *mile* en deux minutes, huit secondes, trois

quarts, jusqu'au « tackey » moitié sauvage de
la Floride. Plus de 2.000.000 de mules et d'ânes
les suivent et terminent la longue procession.
Le *census* nous apprend qu'en moyenne, chaque
famille du pays possède un cheval, une vache,
quatre porcs, et trois moutons, ce qui n'est pas
un mauvais début, pour un jeune fermier.

Laissez-moi vous conduire maintenant à la
laiterie, et examinons le beurre et les fromages.
En 1880, on fit 400.000 tonnes de beurre, une
moyenne d'environ seize livres, pour chaque
homme, femme et enfant du pays. Ah ! le pain
du Yankee est beurré de plus d'une façon ! En
1870, on fit 80.000 tonnes de fromage ; en 1880,
120.000 tonnes. Depuis l'introduction du *fac-
tory system*, la production a considérablement
augmenté. L'Américain aime moins le fromage
que l'Anglais. La plus grande partie de sa production est envoyée en Angleterre, sous les
noms de Stilton, Cheshire ou Cheddar. Il fabrique toutes les marques, et vous ne pouvez
distinguer le produit américain de son proto-
type monarchique. Les fromages exportés, en
1881, représentaient une valeur de plus de
£ 3.250.000. Les statistiques présentées à la
National Butter, Cheese and Egg Association,
lors de la dernière réunion à Chicago, indiquent que la valeur réelle des produits de la

laiterie était de $ 100.000.000 et que le capital
représenté par les vaches était de $ 40.000.000
supérieur à celui des valeurs de banque.

Que fait l'Américain du produit de ses troupeaux et de sa laiterie ? Il commence par prélever sa consommation — qui est considérable.
Cinquante-six millions de gens, les plus
riches du monde, dont chacun entend avoir le
meilleur de ce qu'il peut se procurer et est
accoutumé à la nourriture la plus recherchée,
consomment énormément. Le surplus est exporté. L'Angleterre est de beaucoup la plus
forte cliente ; elle prend, pour un grand nombre
d'articles, la moitié de ce que l'Amérique ne
consomme pas.

En 1870, commença un nouveau trafic, l'exportation du bétail vivant. L'Angleterre en
reçut pour une valeur de $ 400.000. En 1880,
ce commerce dépassa $ 12.500.000. L'expor-
tation du bœuf fut commencée en 1875, et, en
1880, elle représentait $ 7.500.000.

Le cochon américain était fort demandé, en
Europe, durant les vingt dernières années. En
1860, la valeur de jambons et de lard exportée n'était que de $ 2.050.000 ; en 1880, la
demande dépassait $ 50.000.000. L'Angleterre
en prend la plus grande partie. Quels préjugés,
contre les jambons et le lard américain, exis-

taient alors ! Je me rappelle avoir visité, en Angleterre, l'établissement d'un *curer* qui était considéré comme ne tuant que des porcs anglais. Sans aucun doute, il était le fournisseur de ce lard exquis que mes amis prétendaient si différent du lard étranger. Une pile de caisses, à moitiées cachées, sur lesquelles on lisait Chicago, attira mes regards. Je pris le propriétaire, à part, et je lui demandai, si le contenu de ces caisses était inférieur aux produits du pays. Il se mit à sourire et me dit : « Quelquefois, oui, quelquefois, non ». Et il ajouta : « Nous sommes de drôles de gens ! ». L'article américain a maintenant une réputation bien établie, mais combien de tonnes sont encore vendues comme *Genuine English.* Oncle Sam tire de ses porcs un revenu annuel de $ 85.000.000.

Il envoye peu de moutons à l'étranger. La valeur des exportations en 1884 était inférieure à $ 300.000. Mais, grâce aux améliorations rapides et continues apportées dans l'élevage, on peut prévoir, que, dans un temps prochain, l'Amérique exportera beaucoup de moutons qui donnent de si grands profits à l'Australie.

Il y a vingt ans, le mouton d'Amérique n'était pas mangeable. Il est encore inférieur à celui d'Angleterre, mais il devient meilleur, d'année

en année. Je doute qu'il puisse jamais atteindre
la qualité du meilleur mouton d'Écosse, mais
qu'il s'améliore, cela ressort clairement de
l'augmentation de la laine qui est supérieure à
l'augmentation des moutons. Entre 1850 et
1860, l'augmentation de la production de
la laine était de quatorze pour cent. Durant la
décade suivante, elle était de soixante-six pour
cent, et, entre 1870 et 1880, de cent quarante-
sept pour cent. La moyenne de la toison, en
1850 était seulement de deux livres trois dixièmes ; en 1880, elle avait presque doublé (quatre
livres quatre dixièmes). La toison du Nord
pèse en moyenne plus de cinq livres. Dans le Sud,
le mouton n'a pas besoin d'un vêtement si chaud.
Si Dieu tempère le vent au mouton tondu, il
adapte aussi la fourrure au climat, et veille à ce
que le mouton du Sud ne soit pas trop chau-
dement vêtu.

La production de la laine, en Amérique, augmente comme tout le reste. En 1830, les toisons
n'atteignaient que 18.000.000 de *pounds* (1) ;
en 1850, elles atteignaient, 52.000.000 ; en 1860,
60.000.000, et en 1870, 100.000.000. Dans les
dix dernières années, ces chiffres ont plus que
doublé. En 1880, le poids des toisons était de

(1) Pound : 453 grammes.

240.000.000 de *pounds*. Qui donc pourrait croire que l'Amérique produit deux fois plus de laine que n'en produit l'Angleterre ! Ce fut pour moi une grande surprise que de l'apprendre. En 1880, la production anglaise était de 112.000.000 de livres.

Les énormes exportations de vivres suggèrent de sérieuses réflexions. Les populations du Vieux Monde augmentent rapidement, sans que son sol, ou sa capacité de production augmente dans les mêmes proportions. Depuis le commencement du siècle, cette population s'est élevée de 172.000.000 à 312.000.000. C'est là un progrès sans précédent, dans l'histoire du Vieux Monde. Sans les énormes expéditions de vivres d'Amérique et d'autres pays, il aurait été probablement impossible. La consommation actuelle de vivres par l'Europe est infiniment plus grande que sa production... Pour son développement futur, l'Europe semble devoir être obligée de compter sur les approvisionnements de nourritures de l'étranger — surtout ceux d'Amérique. L'Angleterre dépend plus de l'étranger que les autres pays. Giffen estime que déjà douze millions d'Anglais, soit un tiers de la population, vivent des vivres exportés.

Il serait difficile d'exagérer les conséquences de ce fait dont l'importance croît de jour en jour. Évidemment, M. Caird et d'autres éminentes autorités ont raison de prétendre qu'une culture plus intensive du sol d'Europe, et surtout de celui de l'Angleterre, pourrait augmenter la production, mais, à mon avis, les résultats seraient fort coûteux et limités. Le nombre des Européens obligés de demander leur nourriture au Nouveau Monde, augmentera chaque année. Heureusement, celui-ci possède des ressources, non encore exploitées qui peuvent satisfaire à toutes les demandes possibles, pendant de longues années... Des millions et des millions d'acres fertiles, dans un pays ensoleillé et arrosé par des pluies rafraîchissantes, n'attendent que la charrue pour nourrir d'autres hommes.

Cultiver cet héritage, y élever des villes, y faire des routes, des chemins de fer et des télégraphes, y bâtir des écoles et des églises, telle est la meilleure besogne à laquelle l'Américain puisse se livrer. Pour lui, le transport des marchandises sur la mer est une fiction ; il ne saurait l'entreprendre, dans des conditions avantageuses. Encore moins doit-il se lancer dans la construction des navires de guerre. C'est une des plus pures gloires de la République que de n'avoir aucun véritable navire de guerre. Construire quelques petits navires et les décorer du titre de flotte, inviterait la comparaison, et la rendrait ridicule. Elle doit avoir la plus forte flotte du monde ou n'en pas avoir. En ce moment, on cherche à l'effrayer, en lui montrant ses côtes sans défense. On affirme que la première petite puissance venue pourrait l'attaquer et la rançonner. Sans doute, tout homme qui se promène dans Broodway peut être attaquer par un vaurien. Est-ce une raison pour que nous sortions revêtus d'une cotte de maille ? Il n'est pas un port d'Amérique qui ne pourrait être fermé d'une façon très efficace, si cela était nécessaire, avant que l'ennemi soit en vue. Mais il est peu probable que l'Amérique soit jamais attaquée, si elle ne s'arme pas. Quand des nations font des armements sous prétexte de se défendre, l'*offénce* n'est pas loin. Shakespeare nous apprend :

Combien souvent la faculté de faire le mal
Fait commettre ce mal.

Je supplie mes compatriotes de laisser aux monarchies du Vieux Monde la folie et le crime de construire et d'entretenir ces énormes engins de destruction, dont la seule existence pousse à la guerre des nations qui, sans eux, seraient restées en paix.

L'INDUSTRIE [1]

De façon générale, on peut dire, sans crainte de se tromper, que la nation qui a l'industrie la plus variée, toutes autres conditions étant égales, est probablement la plus prospère, la plus puissante et la plus heureuse. L'agriculture est la première et la plus essentielle des professions, mais elle est loin de procurer les meilleurs résultats au point de vue commercial et industriel.

« England's Supremacy. » — JEANS.

Channing écrit : « On a découvert que le travail était le plus puissant des conquérants, qu'il donnait aux nations la richesse et la force plus sûrement que les batailles. »

La République fournit à ces lignes une élo-

[1] Voir appendice.

quente démonstration. Elle est devenue la plus grande nation industrielle du monde, et elle doit cette suprématie à son travail, non à la chance.

Dès les débuts de leur histoire, les Américains se sont beaucoup occupés de l'industrie, et, ils ont manifesté, pour elle, des aptitudes particuilères. Les premiers colons s'y adonnèrent avec une telle énergie que, en 1670, alors qu'ils étaient moins de deux cent mille, leurs progrès avaient déjà commencé à exciter la jalousie de la mère-patrie. Malgré les restrictions de l'Angleterre, l'industrie et le commerce de l'Amérique augmentèrent rapidement. A quel prix moral ce résultat fut atteint, on peut s'en rendre compte par cette citation : « Les neuf dixièmes des marchands des colonies étaient des contrebandiers. Un quart du nombre total de ceux qui signèrent la Déclaration d'Indépendance se livraient à la contrebande. John Hancock était le roi des contrebandiers. Au moment même où le sang coulait à Lexington, il comparaissait devant l'*Admiralty Court*, à Boston, pour y répondre d'un demi-million d'amendes qu'il avait méritées pour contrebande. » La politique étroite de l'Angleterre a causé des maux et des souffrances dont on ne peut se faire qu'une vague idée, même quand on connaît cette démoralisation en masse d'un peuple généreux, et sous tous les autres rapports, respectueux des lois. Les efforts faits par les Anglais pour arrêter l'essor de l'industrie ne prirent pas fin, comme on pourrait le supposer, avec le succès de la révolution. Les industries anglaises, longtemps après que l'Indépendance était un fait accompli, cherchèrent à continuer leurs mesures de répression, et souvent de singulière façon. Bishop, l'historien de l'industrie anglaise, écrit :

« Les industriels anglais, pour se débarrasser de la rivalité de manufactures, en voie de développement, mais encore imparfaites, n'hésitaient pas à faire de grands sacrifices ; ils envoyaient des consignations considérables de marchandises, qui étaient vendues aux enchères, avec les crédits les plus longs. Ce système avait l'approbation d'éminents hommes d'État. M. Brougham, peu après la paix (1855), disait au sujet des pertes subies par les industriels anglais, dans de telles transactions, qu'ils devaient se résigner à perdre sur leur première exportation, afin d'écraser dans le berceau, par l'encombrement, ces industries naissantes, que la guerre avait fait naître, contrairement à l'ordre naturel des choses. »

Tout cela appartient au passé, mais, pour l'intelligence du sujet, il était nécessaire de le rappeler. L'Angleterre a pris cette attitude, par ce que, comme je l'ai expliqué, dans le chapitre sur les occupations, à cette époque, « personne n'en savait plus long ».

Il est à noter que l'importance des manufactures par rapport à l'agriculture, augmenta à mesure que la population devenait plus dense. En 1850, le capital engagé dans l'industrie n'était que le huitième pour cent de celui engagé dans l'agriculture. En 1860, il était de treize pour cent ; en 1870, de dix-neuf pour cent ; en 1880, de vingt-trois pour cent, soit près d'un quart de celui de l'agriculture. En 1870, la valeur des produits industriels, déduction faite des matières premières, était de soixante-et-onze pour cent de la valeur des produits agricoles ; en 1880, la proportion s'élevait à quatre-vingt-neuf pour cent. Ainsi, bien que le développement de l'agriculture, en Amérique ait été, sans précédent, le développement de l'industrie fut plus grand encore. La plus grande surprise que je puisse causer à mes lecteurs, c'est probablement de leur dire que la plus grande nation manufacturière, aussi bien qu'agricole du monde, c'est la jeune République et non plus la Grande Bretagne.

L'industrie de la minoterie, durant les cinquante ans que nous examinons, a atteint des proportions gigantesques. Si nous en jugeons par la valeur des produits, elle est la plus importante des États-Unis. En 1880, cette valeur dépassait $ 500.000.000. Le capital engagé était de $ 177.400.000. Il existait, vingt-quatre mille « flouring and grist mills », produisant cinq millions de *bushels* par jour.

L'industrie qui vient ensuite, par ordre d'importance, est celle de la viande. Quoique de date récente, elle a acquis d'énormes proportions. Le capital de cette industrie, en 1880, était d'environ £ 10.000.000. On tuait 1.700.000 bœufs, 2.200.000 moutons et 16.000.000 porcs.

C'est à Chicago que le massacre s'exerce sur la plus grande échelle. En 1880, 5.750.000 porcs furent transformés en charcuterie et un demi-million de bœuf furent mis en conserves. Comme exemple de la perfection des machines employées, les « Chicagoans » aiment à dire que le spectateur voit le porc vivant introduit, à un bout de la machine, et les jambons sortir de l'autre bout, avant que les cris de l'animal soient sortis de son oreille. Quand on demanda à Mathew Arnold, de vérifier l'exactitude de ce dire, il s'écria : « Pourquoi assisterais-je au massacre de porcs ? Pourquoi entendrais-je des porcs crier ? » Il refusa.

Viennent ensuite les industries du fer et de l'acier. Leurs produits pour 1883 étaient évalués à $ 400.000.000. La production de la fonte a augmenté de façon prodigieuse. En 1883, elle était de cinq millions deux cent cinquante mille tonnes, plus de trente fois la quantité produite en 1840. Cette augmentation sans précédent de quantité a été accompagnée d'une amélioration de qualité qui a placé le fer et l'acier américains, sur le même rang que les meilleures qualités de l'Angleterre, cette reine du fer.

En 1870, les États-Unis étaient bien au-dessous de la France et de l'Allemagne, pour la fabrication de l'acier ; dix années plus tard, ils produisaient plus que ces pays réunis. L'Amérique fabrique maintenant un cinquième du fer et un quart de l'acier du monde. Elle n'est inférieure qu'à la Grande-Bretagne. Pour l'acier, il est probable que, en 1890, elle tiendra la tête.

Le progrès industriel le plus rapide que le monde ait jamais vu, est peut-être celui de l'acier Bessemer, en Amérique. En 1870, on produisait, quarante mille tonnes d'acier Bessemer ; en 1882, on en produisait un million deux cent cinquante mille... La supériorité de l'Amérique, pour les rails d'acier, est plus marquée encore.

La Pennsylvanie porte la couronne de fer. Près de la moitié du capital engagé dans cette industrie s'y trouve, et elle fournit quarante-six pour cent de la production totale. Viennent ensuite les États d'Ohio, de New-York et de l'Illinois.

Le commerce du bois de charpente (lumber), une industrie particulière à l'Amérique, vient immédiatement après. Depuis 1850, la valeur du produit annuel a quadruplé et le capital engagé a augmenté à peu près dans la même proportion. En 1880, cette production représentait $ 233.268.729. Le principal siège de cette industrie est le Michigan, une région où, il y a cinquante ans, le bûcheron n'avait pas encore fait son apparition. Le capital engagé, dans ce seul État, était, en 1880, d'environ $ 40.000.000, soit plus d'une cinquième du capital engagé, sur toute la surface de l'Amérique..... Au train dont vont les choses, les forêts du Michigan, du Visconsin et du Minnesota, dureront de vingt à vingt-cinq ans; mais celles du Sud, qui sont quatre fois aussi grandes, peuvent durer, dit-on, un temps indéfini. On exploite d'immenses forêts,

dans le territoire de Washington, de l'Orégon
et de la Californie du Nord. Dans l'avenir,
l'abattage des arbres se fera d'une façon plus
méthodique que dans le passé, mais on ne
saurait craindre que l'exploitation diminue.
Il y a, en Amérique, de vastes régions où la
plantation du bois est la seule culture possible,
et des régions où elle est plus productive que
dans toute autre. Il en sera toujours ainsi. On ne
saurait donc craindre que les forêts soient
totalement détruites. La qualité et la variété
des bois américains sont trop connues pour
que j'y insiste.

Les manufactures de coton se sont développées rapidement dans beaucoup de pays, mais
nulle part autant qu'en Amérique.

En Angleterre, elles étaient six fois plus
nombreuses en 1880 qu'en 1830 ; en Amérique,
dix-huit fois et demi… Les industries du coton,
dans ce dernier pays, ont augmenté presque
trois fois plus vite que celles du reste du
monde.

Au commencement du siècle, bien que la
récolte du coton ne fut que la soixante-dix-
septième partie de ce qu'elle était, en 1880,
deux pour cent seulement de la production
étaient manufacturés en Amérique. En 1881, la
proportion était de trente-et-un pour cent. Dans

cette industrie, comme dans bien d'autres, nous voyons l'Angleterre et l'Amérique, la mère et l'enfant, lutter ensemble, et laisser le reste du monde loin derrière. Ces deux nations réunies absorbent les deux tiers de l'industrie. Le capital engagé dans l'industrie du coton, aux Etats-Unis, en 1880, s'élevait à $ 208.000.000. Elle employait 172.504 ouvriers qui recevaient des salaires s'élevant à $ 42.000.000. La valeur de la production dépassait $ 192.000.000.

L'industrie de la laine s'est aussi beaucoup développée, dans les dernières années. Depuis 1860, elle a triplé, soit une augmentation six fois plus grande que celle de la Grande-Bretagne... En 1883-84, environ trois cent quatre-vingt-seize millions de *pounds* de laine furent employés aux Etats-Unis; sur cette quantité trois cent quatre-vingt millions de *pounds* provenaient d'Amérique.

L'exportation de la laine commence à prendre une grande importance. Oncle Sam qui nourrit son frère européen, pourrait bien aussi l'habiller avant qu'il soit longtemps.

Le capital engagé dans l'industrie de la laine, en 1880, était d'environ £ 19.000.000. Plus de quatre-vingt mille ouvriers qui recevaient des salaires s'élevant à $ 26.000.000, y étaient employés. Bien que, entre 1870 et 1880, le capital se fut élevé de vingt-et-un et demi pour cent, le nombre des établissements a diminué de trente-et-un pour cent. A mesure que les machines se perfectionnent, leur prix tend à éliminer les petits capitalistes et à augmenter la dimension des manufactures.

La force employée aux États-Unis est égale à 3.410.837 chevaux — une force capable d'élever un poids de 17 billions de tonnes, à un pied de hauteur.

De plus en plus, l'homme oblige la nature à le servir. Il y a cent ans, elle ne faisait guère que fournir le blé, la viande et la laine. Aujourd'hui, elle fauche le blé, le ramasse, le lie, le bat, le moud, le transforme en pain, et elle dépose celui-ci à sa porte. La laine, elle la file, la tisse, la coud pour en faire des vêtements qu'elle place à la portée de celui qui doit les porter, à quelque distance qu'il se trouve. Elle transporte son maître au gré de ses désirs. Elle fait voler ses messages, à travers les continents et sur les mers. Toujours obéissante, toujours infatigable, toujours prête, sa bonne volonté s'accroît à mesure qu'on y fait appel. Déjà, elle a pris pour elle tous les travaux pénibles qui incombaient à l'homme. Sous la Démocratie Triomphante, chaque jour, elle le décharge d'une nouvelle besogne, afin de lui laisser plus de loisirs. Dans les autres pays, les hommes ne sont pas aussi heureux. Au lieu de faire des conquêtes sur la nature, ils s'efforcent de faire des conquêtes militaires, aux dépens les uns des autres, poussés à cela par des rois ou des nobles égoïstes et vaniteux. Mais la fin de ce régime est prochaine. Il est probable que l'industrie triomphera de la féodalité et des armées permanentes d'Europe. Elle a déjà commencé. L'Amérique, terre bénie de la paix, répand sur le monde, non seulement ses produits, mais son Évangile de l'égalité des hommes, et, bientôt, les vieilles nations devront abandonner la guerre pour les besognes pacifiques...

Dans l'excellent livre de M. Pidgeon, *Old World Questions and New World Answers*, qui, tout bien considéré, est le meilleur livre de ce genre que je connaisse, l'auteur indique bien le vrai succès de la République : à savoir le respect dont y jouit le travail. Je partage cette opinion de M. Pidgeon.

« Expliquez cela, comme vous le voudrez. Il y a un gouffre, entre les idées du Nouveau et du Vieux monde, sur cette question radicale de la dignité du travail... Le code social de ce pays pousse, chaque année, de nombreux jeunes gens sortant de vos « public schools » ou universités, soit aux professions savantes, déjà trop encombrées, soit aux fonctions du gouvernement dont le cercle d'occupations irresponsables détruit l'originalité et affaiblit l'esprit de décision. En Angleterre, les jeunes filles capables et instruites ne peuvent trouver de carrières, tandis que, en Amérique, des postes, même fort importants, sont occupés par des « young ladies », égales aux nôtres, sous tous les rapports que ce mot de « lady » comporte, et leurs supérieures, pour toutes les qualités qui naissent de l'effort et du « self-help ». Ce n'est pas notre faute, et je ne songe pas à me plaindre de l'inévitable. A l'origine, nous étions un pays féodal, et nous ne pouvons échapper à l'influence de nos traditions. Aux temps féodaux, l'homme qui travaillait pour un autre était un « vilain » ; aujourd'hui, il est un « inférieur ». Un homme qui n'a pas d'occupation est un « gentleman », et une gouvernante une « person ». L'habitude nous empêche de voir que la « dignité du travail » est, dans nos bouches, une simple phrase qui nous aveugle sur la perte de notre énergie nationale, perte qui est la vengeance de l'injure faite au travail.

« Pendant que la bataille du libre-échange fait rage à travers l'Atlantique, essayons d'importer dans nos conseils d'administration et nos bureaux, un peu de la vivacité et de la ténacité américaine,

et dans nos ateliers, quelque sens de la dignité
du travail. »

L'auteur expose les faits avec justesse, mais
il n'a pas pris la peine de rechercher les causes
de ce sentiment de la dignité du travail, dans la
République, et de son absence, dans la Monarchie. Je voudrais le faire à sa place. Un Etat
basé sur l'idée monarchique comprend forcément une aristocratie. Or, dans la mesure que
vous élevez la famille royale et l'aristocratie,
vous abaissez inévitablement tous ceux qui
n'appartiennent pas à cette classe. Cela est
clair. Si vous placez au pinacle des gens qui ne
se livrent à aucune besogne, qui ne sont ni
ministres, ni médecins, ni hommes de loi, ni
professeurs, si vous créez une cour de laquelle
les marchands et les ouvriers sont exclus, si
vous entretenez une reine qui refuse qu'on lui
présente un commerçant, même à ses réceptions
officielles, infligeant aussi à une profession
honnête la plus grossière injure, quel peut
être le résultat de ce système, sinon un Etat
dans lequel non seulement la dignité du travail
n'est pas reconnue, mais où elle est dédaignée?
Telle est la véritable essence des idées monarchiques.

La reine d'Angleterre insulte grossièrement

le travail, à tout instant de sa vie, en refusant de le reconnaître. Et son entourage, depuis le duc qui marche à reculons devant « l'oint du Seigneur », à raison de £ 4.000 par an, jusqu'au premier gentilhomme de la Chambre, tous quelqu'ils soient, ont naturellement le même mépris, pour ceux qui mènent des vies utiles.

M. Pidgeon propose comme remède à ce fléau une meilleure éducation. L'idée est bonne, mais, aussi longtemps que ce peuple instruit n'ira pas à la racine des choses, ne jetera pas à terre les fondations sur lesquelles repose son gouvernement et ne le remplacera pas par un autre qui sera basé sur l'égalité des citoyens, il pourra légiférer de Juin à Janvier, chaque année, sans que le travail occupe dans l'État la place d'honneur qui lui revient.

Certes, je connais l'objection des gens appartenant à la classe des autocrates : « Les Anglais n'ont pas trop mal réussi, n'est-il pas vrai ? Jusqu'ici, non seulement, ils ont occupé leur place dans le monde, mais, en maints endroits, ils ont occupé celle des autres. La race anglaise n'a-t-elle pas fait d'étonnants progrès ? » Oui certes, mais pourquoi ? Parce que, jusque dans ces derniers temps, les Anglais se sont trouvés aux prises avec des hommes moins libres, par conséquent moins *hommes* qu'eux. Comparez les libertés politiques d'un Anglais avec celles d'un Allemand ou de tout autre peuple européen, et vous trouverez la confirmation de la règle que je viens d'indiquer. Plus libre est le citoyen, plus grande et la nation. Qui pourrait nier que la condamnation de la doctrine du droit divin des rois, n'ait eu une puissante influence sur le caractère national ? Un juge compétent qui examinerait les deux pays, pourrait-il contester l'immense supériorité de l'ouvrier républicain ? Par exemple, M. Howard de Bedfort, ou M. Lowthian Bell, ou M. Windsor Richards, ou M. Edward Martin — qui tous ont examiné le sujet — ne diraient-ils pas à leurs compatriotes, comme je le leur dis et comme M. Pidgeon leur a dit que, le *citoyen* est supérieur au *sujet*. L'égalité conférée à l'ouvrier, en Amérique, est la raison de sa supériorité, aussi bien comme citoyen que comme ouvrier. La pelle à la main — peu d'Américains manient la pelle — l'Anglais, sous son climat froid, fait plus de besogne que son compatriote ne peut en faire, ou au moins qu'il n'en fait ici ; mais, quand il sagit de *skilled labor*, l'Anglais moyen est incapable de lutter avec l'Américain. Il en sera ainsi, tant qu'il ne sera pas le citoyen d'une république basée sur l'égalité politique. Il a en lui l'étoffe nécessaire, mais les lois de son pays le compriment et, durant toute son existence, l'empêchent de se développer.

La lutte pour la vie recommence, mais cette fois, avec d'autres armes que la lance et l'épée. Les nations européennes doivent se débarrasser du poids qu'elles portent, si elles ne veulent pas rester de plus en plus en arrière. Le premier devoir des gens est de conquérir leurs droits politiques et des lois qui leur donnent une égalité parfaite. Cela obtenu, le reste sera facile. Les habitants de tous les pays sont pacifiques ; ils ne sont animés que de bonnes intentions, les uns envers les autres. L'inimitié est l'œuvre des chefs héréditaires et des classes militaires, non celle des masses. Les gens du peuple ne sont pas en proie aux mêmes jalousies et aux mêmes ambitions politiques. Leur arrivée au pouvoir mettra rapidement au service des occupations industrielles pacifiques les forces consacrées jusqu'ici aux guerres internationales, Le règne de la Démocratie fera régner sur la terre la paix parmi les hommes de bonne volonté.

LES MINES

Dans les chapitres précédents, j'ai si souvent employé le superlatif, en comparant l'Amérique aux autres pays, que maints lecteurs étrangers qui, pour la première fois, entendent parler de la grandeur de la République, ont bien le droit de montrer quelque scepticisme. Peut-être s'imagineront-ils que de si magnifiques attributs, ne sauraient appartenir à une nation véritable, mais à quelque pays fabuleux de l'Atlantide. Pourtant, je n'ai dit que la vérité.

La République est bien réellement, comme je l'ai montré, la plus vaste, la plus peuplée, la plus riche des nations civilisées, en même temps que la plus grande, sous les rapports agricole, pastoral et industriel. Elle peut encore prétendre à une autre supériorité. Elle est la plus grande nation minière. Sa suprématie, est encore plus incontestable, sous terre, que sur terre. Sur chaque partie de ce vaste continent, la nature a répandu ses largesses avec une prodigalité folle. Au-dessous des champs d'épis moutonnants, qui mûrissent sous un climat parfait, se trouvent d'immenses richesses minérales. Des dépôts d'or, d'argent, de charbon, de fer, de cuivre sont continuellement découverts, en quantités inconnues ailleurs, et les rochers produisent chaque année, des rivières d'huile. Pour mettre le comble à sa générosité et permettre d'en tirer un parti utile, la nature, en vertu sans doute de la loi qui dit : « A celui qui possède, il sera donné », a fait à l'Amérique récemment un autre cadeau, aussi remarquable que rare. Elle lui a donné un produit dont la richesse et l'utilité dépassent de beaucoup celles de tous les autres ; elle lui a donné un gaz naturel, un fluide distillé dans le sein de la terre, et emmagasiné dans de vastes gazomètres naturels. Ce gaz, pour faire la besogne de mille géants, n'a besoin que d'être conduit sous les chaudières des mines.

Laissez-moi vous décrire cette nouvelle merveille. Il y a sept ans, une Compagnie faisait des forages pour trouver du pétrole, à Mur-

raysville, près de Pittsburg. Une profondeur
de 1.320 pieds avait été atteinte, quand les
forets furent lancés vers le ciel et le *derrik*
brisé en morceaux, par une formidable explosion de gaz. Le bruit fut entendu à une distance de plusieurs *miles*. On approcha une
lumière, et immédiatement surgit un farouche
démon de feu qui se mit à siffler, à tourbillon-
ner au vent, et à déssécher la terre, sur une
vaste étendue. On crut à une explosion qui
précédait le pétrole, et on laissa ce précieux
combustible se perdre, pendant cinq années.
Le charbon, dans cette région, ne coûte que
deux ou trois shillings par tonne. On était donc
assez peu disposé à risquer de l'argent, pour
tenter de le remplacer par un combustible qui,
était meilleur marché, mais qui pourrait disparaître aussi soudainement qu'il était venu.
Pourtant les années passaient, et les flam-
mes géantes continuaient à sauter et à danser
aussi follement qu'au premier jour. Alors une
société fut constituée pour utiliser le gaz. Des
tuyaux le conduisirent sous les chaudières des
établissements métallurgiques où il brûlait,
sans trace de fumée.

Les ouvriers qui apportaient le charbon et
le versaient dans les fours devinrent inutiles.
On fora à d'autres endroits. Bientôt il y eut,

autour de Pittsburg, vingt puits à gaz, dont un seul produisait 30.000.000 de pieds cubes, par jour. Un autre fournissait, par jour, une quantité de gaz égale à deux cents tonnes de charbon. De nombreuses lignes de tuyaux, formant un total de six cent *miles*, transportent aujourd'hui le gaz des puits aux centres manufacturiers de Pittsburg, Alleghany-City et de leurs faubourgs. Les *coal bunkers* vides ont été blanchis à la chaux. Dans certaines usines, là où cent vingt chauffeurs barbouillés de charbon travaillaient, comme de vrais démons, pour alimenter les feux, un seul homme, aux vêtements propres, se promène indolemment, ayant, pour toute mission de surveiller les manomètres. La « Smoky-City » est maintenant entourée d'une atmosphère claire, et on ne se douterait guère que du haut des rochers de la *Monongahela River*, on pouvait apercevoir les mille Haut-Fourneaux autrefois enfumés de la ville du fer. Les résidences privées à Pittsburg sont alimentées par ce gaz qui sert au chauffage et à la cuisine. Déjà, dix mille tonnes de charbon par jour, sont remplacées par le gaz, et le *slack* (menu charbon), qui, auparavant, ne valait que trois schillings la tonne, à Pittsburg, est devenu à peu près sans valeur. Aujourd'hui, les puits à gaz à

Pittsburg, et dans les environs, se comptent par centaines. Le nombre des sociétés ayant pour but d'exploiter le gaz naturel en Pensylvanie étaient, à la date du 5 février 1884, au nombre de cent cinquante, représentant un capital de nombreux millions. Depuis cette époque, beaucoup d'autres autorisations ont été accordées. Plus de soixante puits ont été percés à Erie, dans la Pensylvanie. On a aussi trouvé du gaz, en petites quantités dans les États d'Ohio, de la Virginie de l'ouest, du Kentucky, d'Indiana, de l'Illinois, de l'Alabama, du Kanas, du Dakota et de la Californie.

Le gaz est probablement le produit de la distillation de l'huile, chassé par la chaleur souterraine et la pression, hors des dépôts carbonifères si nombreux en Pensylvanie. La *rock oil* était connue des premiers Chaldéens. Hérodote, Pline et d'autres écrivains anciens la mentionnent. Mais elle ne fut utilisée dans l'Industrie qu'en 1847, par Young, de Glasgow qui fabriqua de l'huile lubrifiante avec du pétrole tiré du Derbyshire, en Angleterre. Plus tard, en Angleterre et en Amérique, on se mit à tirer du pétrole du charbon. En 1860, aux États-Unis, il n'y avait pas moins de quarante mines qui produisaient, environ cinq cents *barrels* par jour. Mais elles ne devaient pas tarder à disparaître. L'année précédente, une Société avait été formée, dans la Pensylvanie, pour forer les puits, en divers endroits où on avait vu du pétrole suinter, ou flotter sur l'eau. Les Indiens avaient l'habitude, au moyen de couvertures qu'ils étendaient, de recueillir un peu de cette huile dont ils se servaient pour leurs tatouages de guerre, et pour se soigner. Le pétrole, à l'état de nature, sous le nom de *Seneca Oil*, il y a vingt ans encore, avait la réputation d'être un remède infaillible. L'annonce charlatanesque qui faisait ressortir les vertus de cette médecine commençait ainsi :

« Le baume salutaire, tiré des sources secrètes de la nature, donne à l'homme, la fleur de la santé et de la vie ; — des profondeurs de la terre la magique liqueur sort pour calmer nos souffrances et adoucir nos chagrins ».

Elle coûtait 2 dollars la bouteille. Pauvre crédulité humaine! Depuis que l'huile qui autrefois guérissait toutes les maladies, ne rapporte plus qu'un dollar par *barrel*, elle a perdu toutes ses vertus curatives...

Dans le district de Pittsburg, se trouve un autre dépôt minéral d'une immense valeur, une remarquable veine de charbon d'une grande épaisseur, qui fait un coke d'une qualité célè-

bre, dans tout le continent. Il est si facile à
extraire, qu'un homme et un enfant peuvent
piocher et charger, environ trente tonnes, en
dix heures. A Chicago et à Saint-Louis, dans
les hauts fourneaux de Pittsburg, et dans les
mines d'argent et de plomb de l'Utah, ce coke
« compact, argenté et brillant », joue un
rôle important. Grâce à lui, Pittsburg se range
comme producteur de fer, avant des villes
placées sur des lits mêmes de minerai de fer...

Dans cette même Pensylvanie si favorisée du
sort, on trouve des dépôts d'un anthracite
excellent, qui ne s'étendent que sur une étendue de quatre cent soixante-dix miles carrés,
mais sont d'une extraordinaire profondeur. Ces
dépôts dont l'épaisseur, en de certains endroits,
varie de cinquante à sept cents pieds, et à une
moyenne de soixante-dix pieds, donnent à cette
merveilleuse région une valeur plus grande
que celle de beaucoup de contrées minières,
dix fois plus étendues. Près de Pottsville, il
existe une épaisseur de trois mille trois cents
pieds de *coal measures*. Le contenu des mines
d'anthracite, en tenant compte des cinquante
pour cent de perte de la mise en œuvre est
estimé à treize billions, cent quatre-vingt millions, cinq cent trente-cinq mille tonnes de bon
charbon — une provision capable de suffire à

24.

la consommation actuelle, soit trente millions de tonnes par an, pendant quatre cent trente neuf ans. A cette époque, sans doute, les hommes bruleront l'hydrogène, utiliseront les rayons du soleil, la force des marées ou employeront quelque moyen qui reste à découvrir, pour tirer de la chaleur et de la force des phénomènes naturels. Il ne souffriront pas du manque d'anthracite. A l'heure actuelle, ce combustible est particulièrement précieux par sa dureté, sa densité et sa pureté, qui permettent de l'utiliser pour la fonte du fer sans la convertir en coke. A son absence de fumée, les villes de l'Est doivent la pureté de leur atmosphère. La vue du haut de *Brooklyn Bridge* ferait la joie d'un *Londoner*, habitué à la noire atmosphère des villes anglaises. Il apercevrait les toits et les cheminées de grandes villes s'étendant sur des kilomètres sans qu'une molécule de fumée trouble la pureté de l'air, ou souille un ciel, dont la limpidité peut rivaliser avec celle de l'Italie.

Dans vingt-cinq États et territoires disséminés sur tout le continent, au Nord, au Sud, à l'Est et à l'Ouest, de l'État l'Alabama à celui de Rhode Island, et, de là, à la Californie et à l'Orégon, on extrait du charbon, et, on sait qu'il en existe dans d'autres États.

Cette industrie se développe considérablement. En 1850, la production totale était de sept millions deux cent cinquante mille tonnes ; en 1880, elle était de soixante-et-onze millions de tonnes, et en 1884, elle atteignait quatre-vingt-dix-sept millions cinq cent mille tonnes. En comptant la *local and colliery consommation*, les chiffres pour 1884 s'élèvent à cent soixante millions de tonnes. La production de l'Angleterre, cette même année, était de cent-soixante millions de tonnes. Le reste du monde a produit seulement cent trente millions de tonnes, de sorte que l'Angleterre et l'Amérique réunies ont produit plus de deux fois autant de charbon que toute les autres nations.

Suivant Mulhall, l'Amérique a fourni plus de cinquante pour cent de tout l'or du monde entier. En 1880, il évaluait la quantité d'or dans le monde, à dix mille trois cent cinquante-cinq tonnes, valant $ 7.240.000.000. Le Noúveau Monde en a fourni cinq mille trois cent cinquante-cinq tonnes. Durant les dix dernières années, l'Australie et l'Amérique se sont serrées de près, pour la première place. L'avantage est resté à la République.

La production de l'argent en Amérique dépasse celle de l'or. Sur les cent quatre-vingt-treize mille tonnes qu'on estime avoir était extraites, durant les cinq cents dernières années, les Amériques ont fourni cent soixante-deux mille deux cents tonnes, soit quatre-vingt-quatre pour cent. Cet argent venait surtout du Mexique et du Pérou, mais, ces dernières années, l'Amérique a occupé la première place... Depuis 1880, la production annuelle de l'argent, aux Etats-Unis, a atteint une moyenne de $ 46.200.000.

L'Amérique tient aussi la tête, pour le cuivre ; les Etats-Unis et le Chili fournissent près de la moitié de la production du monde. La production de la République a sixtuplé, depuis 1860. Cette année-là, la production totale fut de cinq mille trois cent quatre-vingt-huit tonnes ; en 1870, de douze mille six cents tonnes ; en 1880, de vingt sept mille tonnes, et en 1884, de soixante-trois mille cinq cent cinquante-cinq tonnes. De six cent cinquante tonnes, en 1850, à soixante-trois mille !

Sur le rivage Sud du Lac Supérieur, on trouve ce métal presque pur, en masses de toutes dimensions, parfois pesant un chiffre considérable de tonnes. Il existe des mines de cuivre dans vingt-et-un Etats et Territoires, et, on a trouvé du minerai, dans plusieurs autres. Cette industrie se développe rapidement, et, sans doute, avant le prochain *census*, la production annuelle sera doublée.

En 1870, l'importation du plomb aux Etats-Unis s'élevait à quarante-quatre mille tonnes. En dix ans, elle s'est abaissée à quatre mille tonnes. Aujourd'hui les Etats-Unis, au lieu de recevoir le plomb, commencent à en exporter de petites quantités. En 1884, ils en exportèrent vingt-six mille *pounds*.

Le zinc est maintenant extrait, en grandes quantités. Avant 1870, le total obtenu était très petit, en 1880, la production de l'année dépassait de beaucoup celle de la Grande-Bretagne. Elle était de vingt-trois mille deux cent trente-neuf tonnes, contre quinze mille neuf cent quarante-sept. En 1884, la production avait atteint trente-cinq mille tonnes. La République se place au troisième rang des pays producteurs du zinc.

Les ressources minérales des États Unis comprennent aussi le vif argent, des minerais de chrome, de cobalt, de platine, d'irridium, d'antimoine, d'arsenic, etc., etc. Dans plusieurs États, on exploite des dépôts de sel. Le soufre, le graphite et le gypse abondent. Les phosphates minéraux sont exploités dans la Caroline du Sud où on les employe, comme engrais. Le granit, le marbre, le grés, et autres belles pierres pour la construction, l'ardoise pour les toitures, sont abondants.

Les trésors de la terre ont joué un rôle considérable dans le développement et la prospérité de la République. En plus des bénéfices directs considérables, ils procurèrent des bénéfices indirects, en provoquant la colonisation d'immenses régions. D'énormes villes se sont développées, comme par magie, au milieu de la solitude. Là où des mineurs s'installaient, des agriculteurs et des ouvriers ne tardaient pas à venir, pour pourvoir à leurs besoins. C'est ainsi que naquirent plusieurs des plus grandes et des plus riches villes de l'ouest. San Francisco est l'exemple le plus remarquable. Un exemple plus récent est fourni par Leadville qui, il y a dix ans, était le centre d'une région stérile, inhabitée, séjour du couguar et de l'ours grizzly. C'est, aujourd'hui, une ville, avec de larges rues, de beaux bâtiments de pierre, des hôpitaux, des écoles, et tous les attributs d'une grande ville. Le pays avoisinant est occupé par des agriculteurs.

La République ressemble au boutiquier du Colorado qui avait installé dans sa boutique ce magnifique placard : « Si vous ne voyez pas ce dont vous avez besoin, demandez-le. » Quand nous avons besoin d'un minéral, nous le cherchons et la nature nous le donne. Il y a quelques années, nous n'avions pas une livre de

« speigel », si essentiel pour l'acier Bessemer. Il nous manquait, croyions-nous, le minerai convenable. Les cent mille tonnes que nous consommions, par an, étaient importées. Aujourd'hui nous avons les minerais du Lac Supérieur, de la Virginie, de l'Arkansas, et tout le *speigel* dont nous avons besoin est fabriqué chez nous. Il en est de même du ferro-manganèse, qui est une substance métallique aussi nécessaire à la fabrication de l'acier doux, que le *speigel* est nécessaire aux rails d'acier. Nos industriels le payaient $ 80, et chaque tonne venait par mer. Nous avions donc grand besoin de ce précieux minerai, et voilà que tout à coup, une riche mine fut découverte en Virginie et une autre dans l'Arkansas.

L'étain est le seul métal qui nous manque, mais ne soyez pas surpris si vous apprenez un jour que des dépôts d'étain, près desquels tous les dépôts connus sont insignifiants, ont été découverts...

Grâce à Dieu, tous ces trésors de la terre sont entre les mains d'un peuple intelligent. Ils serviront le bien général des masses, et non pas des desseins égoïstes et bas d'une classe héréditaire privilégiée. Qu'il s'agisse du Canada, au Nord, ou du Chili, au Sud, la plus faible nation peut dormir en paix. Le propre du gouvernement confié au peuple, c'est d'abjurer l'esprit de conquête, et, en cas de besoin, de protéger son voisin faible contre une aggression étrangère. Un tel gouvernement ne moleste aucune nation, il entretient avec toutes des relations de voisinage pacifiques et amicales. Certes, la République est la fille de la cupide et guerrière Angleterre, mais étant débarrassée des institutions monarchiques et du militarisme qui en découle nécessairement, elle a reejté l'épée et ne veut d'autres conquêtes que celles de l'amour. La démocratie peut se montrer fière du fait que le géant du Continent occidental n'est pas redouté par les pygmées qui l'entourent. Tous le regardent avec affection et admiration et savent, qu'en cas de danger, ils auront en lui un défenseur puissant et sûr.

Si la Monarchie était restée maîtresse du pays, comme le résultat eut été différent! En plus des guerres inhérentes à un système aristocratique et militaire, il y aurait eu la haine de la République, en tant que république, car, jamais un royaliste ne consentira à laisser une république vivre, s'il peut l'en empêcher. Les royalistes, d'ordinaire, ne sont pas de fortes têtes, mais ils ne sont pas privés de l'instinct de la conservation. Toutes les nations du continent auraient vécu dans la crainte. Aucun voisin n'a jamais aimé les Anglais. Les gens d'Angleterre sont fort aimables ; mais, les classes dirigeantes sont exactement ce que la Monarchie et les privilèges les ont faits : égoïstes, étroits, persécuteurs, tyranniques et insoucieux des autres. C'est pour cette raison que les Anglais ont toujours été redoutés et jamais aimés par les autres peuples.

Tout cela changera quand la Démocratie sera maîtresse du pays. L'Angleterre deviendra en Europe ce que la République est sur le continent, la conseillère désintéressée, le guide, l'amie vraie et écoutée, des nations moins puissantes et moins avancées.

TRADE AND COMMERCE[1]

Les grands navires qui circulent entre l'ancien et les nouveaux pays sont des navettes tissant un glorieux tissu. Déjà, le mot « Arbitrage » a été écrit sur le dessin. C'est le tour de la devise : Paix et bonne volonté pour toujours.

Les Etats-Unis d'Amérique offrent l'exemple unique, dans l'histoire du monde, d'une nation dont l'origine et le développement ont été purement industriels. Toutes les autres ont passé par la phase militaire. En Europe et en Asie, dans les temps anciens aussi bien que modernes, le développement social a été principalement le résultat de la guerre. A peu près toutes les dynasties modernes d'Europe ont été

(1) Voir appendice.

fondées par la conquête, et toutes les nations ont acquis et conservé leur territoire par la force des armes. Les hommes, tels des bêtes sauvages, se sont massacrés les uns les autres au commandement de classes privilégiées. Les colonies d'Amérique ont été fondées dans des buts commerciaux, et, généralement, les terrains qu'elles occupaient avaient été obtenus par achat ou contrat, et non par conquête. Adonnés à l'industrie, les Américains ne se sont jamais servis de l'épée que pour défendre eux ou leurs institutions. Jamais la charrue, le marteau, le métier n'ont été désertés pour courir à une guerre de conquête. Jamais la profession des armes n'a été placée au-dessus, ni même au rang, des autres professions. A la vérité, avant la guerre civile, les soldats étaient l'objet de la risée populaire. Même aujourd'hui, bien que presque tous les Américains au-dessus de quarante ans aient épaulé un fusil ou aient des parents ayant combattu pour l'unité du pays, le soldat de fortune — un type commun chez les autres peuples — est inconnu. — Un homme comme le sanguinaire auteur de *Sous quatorze Drapeaux*, livre dans lequel il décrit comment il a tué d'autres hommes, sous quatorze drapeaux différents, provoquerait en Amérique de la répugnance et du dégoût. Les régiments américains sont des régiments de travailleurs. Sur leurs bannières ne se lisent pas les noms des villes pillées et le nombre de leurs victimes, mais les noms des inventeurs, les influences civilisatrices, les machines diminuant le travail manuel. La divine prédiction « Par ce Signe tu vaincras » s'adressait aussi à eux ; mais leur signe est la *charrue*, non la poignée, en forme de croix, d'une épée.

Pendant que des millions d'Européens subissaient le joug du despotisme militaire, le peuple américain vivait en paix et travaillait. Ses succès industriels l'ont placé à la tête du monde, sous le rapport de la richesse et de la puissance. L'Amérique est indépendante de l'Europe, et elle lui est indispensable. Sans ses généreux envois de coton, de blé et de viande, des milliers d'Européens manqueraient de nourriture et de vêtements.

L'histoire commerciale des Etats-Unis peut être racontée en quelques mots. Le chiffre net des importations comprenant l'argent monnayé et les lingots, qui était de $ 22.500.000, en 1790, était de $ 75.000.000, en 1830. Durant les cinquante années qui suivirent, il s'éleva à $ 740 millions.

Les exportations ont progressé encore plus rapidement. Elles commencèrent, en 1790, avec

$ 20.000.000, atteignirent $ 60.000.000, en 1830. Le montant des importations, par tête, a passé, durant les cinquante dernières années de $ 6 25 à environ $ 15, tandis que celui des exportations passait de $ 5 à $ 16 60. Examinons les articles qui représentent ce commerce. Quelles furent les acquisitions de la république en 1883 ? Du sucre et des mélasses pour $ 100.000.000. A coup sûr, frère Jonathan aime les sucreries, car il dépense plus pour elles que pour toute autre chose. En laine et lainages, il dépense $55.000.000, en produits chimiques $45 millions. Il achetait aux autres, bien qu'il en exportât lui-même, des marchandises de coton, pour une valeur de $ 35.000.000. Ces articles, je suppose, avaient quelque particularité qui flattait sa fantaisie, ou plutôt celle de sa femme. Pour la soie, il dépensait un peu plus, $ 37.000.000. La soie brute destinée à être manufacturée, représente environ la moitié des soies importées. L'Américain paye pour sa tasse de café $ 42.000.000 par an, et pour sa tasse de thé $ 17.000.000. Tels sont ses principaux achats.

Quels articles l'Américain vend-il aux bons amis qu'il honore de sa clientèle ? De ce côté-là, il fait d'excellentes affaires. En première ligne, viennent ses exportations de coton. Le monde

25.

lui en acheta, en 1883, pour $ 250.000.000.
Il expédia pour $ 120.000.000 de blé, et pour
$ 55.000.000 de farine. La viande, les œufs,
le beurre et autres provisions atteignirent
$ 107.000.000. Il contribua à l'éclairage du
monde avec son pétrole, pour une somme de
$ 45.000.000. On lui acheta du tabac pour une
somme de $ 22.000.000. On lui prit pour
$ 26.500.000 de bois et d'articles en bois, dont
une grande partie, sans doute, sous la forme
de meubles. Les manufactures de fer et d'acier
font une meilleure figure qu'on aurait pu l'espérer. L'Amérique exporta des machines à coudre, agricoles, etc., pour $ 22.500.000. Et, enfin,
oncle Sam expédie de ses énormes fermes, pour
$ 8.500.000 de bétail et de moutons.

Malgré le développement presque incroyable
de ses propres manufactures, le citoyen Américain importe de plus en plus des autres pays.
A en croire beaucoup de gens, son tarif est
tout à fait exagéré; mais avec ce tarif, il achète,
environ trois fois autant par tête, qu'il ache-
tait, il y a cinquante ans. Il n'est donc pas si
mauvais qu'on le dit. Il est vrai que les industries américaines deviennent, d'année en année,
plus maîtresses de leurs propres marchés, et
que les importations diminuent. Elles augmentent pour les articles bruts, et non entièrement

fabriqués. Par exemple, la proportion de ceux-ci qui en 1860 était seulement de vingt-six pour cent, était en 1885, de quarante pour cent des importations totales. Dans le même temps, les importations d'articles manufacturés tombèrent de soixante-quatorze à soixante pour cent du total.

La balance du commerce à laquelle les Américains, malgré les théories des économistes, attachent encore une grande importance, a été, durant les dix ou onze dernières années, continuellement et de façon sensible, en leur faveur. Dans l'espace de cinquante ans, le commerce étranger a quintuplé. Il a presque doublé depuis 1860, malgré l'arrêt que lui fit subir la guerre. Il augmenta beaucoup, en 1880, et atteignit son maximum, en 1883. Depuis cette époque, en raison de la dépression prolongée des affaires, il est tombé de quatorze pour cent. Jusqu'à l'année 1876, avec quelques exceptions, les importations de marchandises dépassaient les exportations. La plus grande différence fut atteinte en 1872. L'excédent était de $182.000.000. Depuis que la balance a changé, le chiffre le plus élevé, soit $264.000.000, fut atteint en 1879. Durant la période de 1860 à 1885, les importations augmentèrent de soixante-trois pour cent, et les importations de cent vingt-neuf pour cent.

On a l'habitude de considérer la République comme un pays sans commerce. Beaucoup de gens lui prédisent une cruelle décadence, parce que son commerce avec l'extérieur est fait par des vaisseaux étrangers. C'est à tort qu'on veut limiter la signification du « commerce », au transport des marchandises. Dans ces conditions, l'Amérique assurément n'aurait pas de quoi être fière. Le remplacement des bateaux de bois par les bateaux de fer et d'acier, l'a privée d'une large part du *carrying trade*, et aucun règlement ou aucune absence de règlement ne saurait le lui rendre. Pour la même raison que l'eau ne peut remonter la pente d'une montagne, des navires ne peuvent être dirigés vers des pays où la main d'œuvre est meilleur marché, par des pays où elle est plus chère. Si l'Amérique possédait dix mille grands navires, leurs équipages, depuis le *chief enginer* jusqu'au *cabin-boy*, seraient des étrangers, pour l'excellente raison que tous ces hommes coûtent moins cher à Liverpool ou à Anvers qu'à New-York. Les Américains ont mieux à faire qu'à courir les mers. Le prix des navires est également plus élevé ici que sur la Clyde. Si les lois de la navigation étaient abrogées demain, aucun Américain n'achèterait des navires construits à l'étranger, pour faire du commerce au dehors. En achèterait-il, le pavillon pourrait être des *Stars and Stripes*, mais l'équipage, tout comme le navire, serait étranger. La marine de commerce ainsi créée ne serait pas américaine, et n'augmenterait en rien la fortune américaine. Durant encore de nombreuses générations, tous les efforts que les Américains feront dans le but de devenir les principaux transporteurs de marchandises, ne peuvent manquer d'être des échecs, et de les tourner en ridicule.

Voici une fable qui s'applique fort bien à cette situation : « Mais dit la tortue au lion, comme celui-ci se promenait fièrement sur le rivage, le premier animal venu peut marcher sur la terre comme vous. Faites donc comme moi. » Et la tortue fit une culbute dans la mer. Le lion l'imita. Résultat : « La tortue fit maints bons repas avec le lion. »

L'Amérique ne doit pas s'occuper de la navigation de l'Océan, avant que son continent ne soit rempli, que les prix de la main-d'œuvre et des matériaux soient aussi bas qu'en Europe. Qu'elle laisse la mer orageuse à son pays natal qui est situé au milieu des vagues, et qu'elle s'en tienne à la terre, qui est son héritage naturel.

Et pourtant, l'Amérique avec ses vaisseaux de bois prend encore une bonne part des transports. Elle les construit à meilleur compte que ses rivaux, elle a le bois sur place. Ses transports en 1880, représentèrent une somme de $ 280.000.000, soit plus du sixième de tout le commerce étranger. Le cabotage d'Amérique d'où les étrangers sont exclus, fait meilleure figure avec, avec trente-quatre millions de tonnes. Le tonnage maritime total de la nation, en 1884, était de 3.181.804 tonnes, ce qui la place immédiatement après l'Angleterre et bien avant les autres nations.

En Angleterre, on crie beaucoup contre le tarif de la République. A mon avis, ses résultats sont mal compris. On croit généralement que les droits sont de nature à paralyser le commerce entre les deux pays. Cette idée est si loin de la vérité que l'Angleterre n'a pas de client à qui elle envoye davantage de produits manufacturés, et avec qui son commerce augmente si rapidement. Cette République, avec ses droits prétendus si élevés, importe plus de marchandises anglaises que tout autre peuple. Voici les chiffres de 1883, qui était une mauvaise année pour l'Amérique : l'Angleterre a envoyé aux Indes pour £ 24.000.000 de marchandises ; à l'Allemagne, pour £ 19.000.000, à la France, pour £ 18.000.000, et à la République pour £ 27.000.000.

Les importations totales de l'Amérique, cette
année, montaient à $ 725.000.000. Plus d'un
tiers de cette somme, soit $ 250.000.000,
venaient d'Angleterre ou des possessions anglaises ; $ 185.000.000 venaient de la Grande-Bre-
tagne et de l'Angleterre.

Pour montrer l'importance écrasante des
achats faits par la République à l'Angleterre, il
suffit de les comparer aux achats faits aux
autres pays. La France, en 1882, a fourni des
marchandises pour $ 90.000.000 et l'Allemagne
pour $ 56.000.000.

L'Angleterre pourrait perdre la clientèle de
la France ou de l'Allemagne, ou de ces deux
pays réunis, sans en souffrir autant que de la
perte de son commerce avec l'Amérique. Le
moment n'est-il pas venu pour la Monarchie,
de prendre ce fait en considération, et de se
conduire en conséquence, à l'égard de son
enfant respectueux, qui ne cesse d'augmenter
son chiffre d'affaires, et prend de ses produits
plus que tout le reste du monde ? La question
du Libre Échange en Amérique, ne saurait être
réglée par aucun homme vivant. Elle ne peut
l'être que par deux mesures : Ou bien le chiffre
des revenus publics sera augmenté par des
élévations d'impôts intérieurs, ou bien les droits
énormes seront prélevés sur les seules denrées

nécessaires à la vie que l'Amérique importe en grandes quantités, le sucre, le café, etc. Aucune de ces mesures ne semble probable. Un nouveau droit sur la nourriture a juste autant de chance d'être établi en Angleterre qu'en Amérique. Le démocratique président Cleveland, lui-même déclara, dans son premier message au Congrès, que toute réduction de tarif devrait être supportée par les droits imposés aujourd'hui sur les choses nécessaires à la vie. Telle est la tendance générale.

CHEMINS DE FER ET COURS D'EAUX

*Et vous verrez alors (quand les colonies auront
conquis leur indépendance) comme la terre sera
embellie ! Quelle culture ! Que d'arts nouveaux
et de sciences nouvelles ! Quelle sécurité pour le
commerce ! La navigation précipitera tous les
gens, à la rencontre les uns des autres. Un jour
viendra où nous nous rendrons dans une ville de
Californie, bien peuplée et bien administrée,
comme on se rend à Meaux, dans la diligence.*
— Marquis d'Argenson.

Les habitants de la petite île étroite d'Angleterre ou des États miniatures d'Europe ne
peuvent avoir la même conception de la distance
que les Américains. L'énormité du continent
d'Amérique élargit proportionnellement les

26

idées que ses habitants se font de l'espace.
L'État de New-York est presque aussi grand
que l'Angleterre, le Texas est plus grand que
la France, l'Angleterre et l'Allemagne réunies.
La Californie a une étendue égale à celle de
l'Autriche. Quelques autres États et Territoires,
connus seulement de nom en Angleterre,
comme le Nevada, le Colorado, l'Oregon et le
Nebraska ont des surfaces plus grandes que
celles de plusieurs royaumes d'Europe.

La distance de New-York à Chicago dépasse
celle de Londres à Rouen ; San Francisco est
plus loin de l'Atlantique que Québec de Londres.
Le voyage de Philadelphie à New-Orléans est
près du double de celui de Londres à Saint-
Pétersbourg. Jérusalem, le Caire, Constantinople, Astrakan et Ténérife sont tous plus
près de *Hyde Park Corner*, que *Salt Lake
City* ne l'est de Boston. Durant la guerre
civile, la frontière défendue par 'le général
Grant dépassait en étendue une ligne qui irait
de Londres à Constantinople, à travers la
Manche et le Continent, de là à la grande
pyramide du Caire, à travers l'Asie Mineure et
la Palestine, et de là, en remontant le Nil,
jusqu'à la première cataracte. Et cette ligne si
elle pouvait être dessinée serait de beaucoup
de *miles*, plus courte que le trajet de New-

York à la cité de Portland, dans l'Oregon.

Ces comparaisons permettront au lecteur anglais de se former des idées qui sont aussi familières à l'Américain que l'emblème étoilé de sa nationalité. Elles aideront aussi l'Européen à se figurer le travail et les sommes qui ont été nécessaires, pour étendre un réseau de chemin de fer, sur toutes les parties de ce vaste continent. Il y a cent ans, l'Amérique était presque aussi inconnue que l'Afrique d'aujourd'hui. Quelques pionniers et explorateurs s'étaient frayé un chemin jusqu'au *Père des Eaux*, et l'avaient descendu jusqu'au Golfe de Mexico. C'est seulement en 1803 que l'on songea à un voyage transcontinental. Cette année-là, sur la demande du président Jefferson, une exploration fut envoyée au Pacifique, sous le commandement du capitaine William Clarke et de Meriwether Lewis. Ce voyage fut considéré comme un fait extraordinaire. La petite troupe s'enfonça dans les solitudes. à travers les montagnes et, en suivant la pente ouest, jusqu'à la bouche de la rivière de Colombie, sur le Pacifique. Ce voyage demanda, pour l'aller et le retour, deux ans et quatre mois. Même en 1830, il était fort difficile de voyager à l'intérieur. Les États, le long de la côte, avaient établi de grossières routes à tourniquets. On venait seulement de commencer à construire les chemins de fer. Le cœur du continent n'était ouvert qu'aux plus aventureux.

Les deux tiers des courriers étaient transportés, dans des diligences massives, dont le corps reposait sur des courroies de cuir, afin qu'il puisse se balancer, dans toutes les directions, sans être brisé en morceaux, sur des routes faites avec des troncs d'arbre placés transversalement. Dans ces véhicules le voyageur était secoué comme sur un bateau de pêche de la Manche, au milieu d'une tempête. L'autre tiers était transporté à dos de cheval. Les bateaux à vapeur ne faisaient le service que sur de courtes distances, et, dans tout le pays, il n'existait que vingt-trois *miles* de chemins de fer. Tout cela se passait, il y a juste cinquante ans.

A notre époque de wagons-palais, et de trains faisant qurante *miles* à l'heure, il est difficile de s'imaginer les désagréments d'un voyage en diligence. Les livres des premiers voyageurs sont remplis d'invectives contre les horreurs de ce genre de locomotion. Le Norwégien Arfedson, écrivait en 1832 :

« Au voyageur qui désire se rendre d'ici (Augusta S. C.), par terre, à New-Orléans, il est sérieusement recommandé de dire adieu à tous les conforts, et de se préparer à une campagne pénible. S'il a une femme et des enfants sans ressources, et s'il ne doit leur laisser un héritage convenable, qu'il s'empresse d'assurer sa vie, pour la plus forte somme qu'une compagnie voudra lui consentir. Il a dix chances contre une de périr en route, ainsi que le prouve ce tableau des morts accidentelles : 1 mort, par un cheval emballé, 2 par noyade, 3 par meurtre, 4 par explosion. »

Miss Martineau en 1834-35, décrit un de ses voyages, dans les termes suivants :

« La circulation sur ces routes est si insignifiante que l'étranger se trouve dans une solitude à peu près complète. Au cours d'un voyage de plusieurs jours, nous ne rencontrâmes, à l'exception des chariots, de quelques campements, qu'une seule voiture. C'était une diligence revenant de Charleston. Notre rencontre dans la forêt fut comme la rencontre de vaisseaux en mer. Nous demandâmes aux passagers du Sud des nouvelles de Charleston et de l'Europe ; et ils nous questionnèrent sur la situation politique à Washington ».

En 1850, Sir Charles Lyell écrit :

« Quand on compare les risques, il semble qu'il soit plus dangereux de voyager par terre, dans un nouveau pays, que par vapeur, sur les rivières. Certaines personnes qui ont survécu à des voyages répétés en diligence, nous ont montré de nombreuses cicatrices. Le juge qui escortait ma femme à Natchez lui déclara qu'il avait versé treize fois ».

Aux inconvénients décrits dans ces extraits, il faut ajouter ceux d'être cahotés, sur des *Corduroys roads*, c'est-à-dire sur des chemins fait de morceaux de bois placés en travers de la route, sans qu'on ait pris la peine de faire disparaître les inégalités de surface. Sur les routes, où il n'y avait pas de concurrence, la lenteur était exaspérante. Un écrivain dit :

« En moyenne, nous faisions plus de trois *miles* et demi à l'heure ; pour obtenir cette allure, il fallait subir l'insolence des conducteurs ».

Presque tous les voyageurs anglais de cette époque se plaignent de cette insolence des conducteurs. Ils devaient prendre soin eux-mêmes de leurs bagages. Quand les cahots avaient desserré les courroies et que ces bagages étaient tombés, c'était à eux qu'incombait le soin de les retirer de la boue ou de la pluie, et de les attacher à nouveau.

Le voyage de Troy à Chicago, exécuté en 1832, par M. Philo Carpenter nous permet de connaître la diversité des moyens de locomotion employés à cette époque. Il prit l'*Erie Canal* jusqu'à Buffalo, et de là, il se rendit à Detroit par le bateau à vapeur du lac. Cette traversée prenait ordinairement quatre jours et demi. De Detroit, M. Carpenter se rendit à Niles, par la diligence hebdomadaire ; à Niles il s'embarqua sur un bateau plat, jusqu'à la bouche de la *Saint-Joseph River*. De là, il fut transporté, en canot d'écorce, par deux Indiens, jusqu'à la bouche du Calumet, où l'un des Indiens, en proie à la colique, refusa de le conduire plus loin. Notre voyageur fit marché avec un colon, pour une voiture traînée par des bœufs, et il arriva, en cet équipage, à Fort Dearborn, comme Chicago s'appelait alors.

Après 1830, vint la période de transition ; les chemins de fer primitifs commencèrent à faire concurrence aux *Canal-boats* et aux *Stage coaches*. Dans le n° du 22 mai 1836 du *Public Ledger*, à Philadelphie, apparut l'annonce suivante surmontée d'une locomotive primitive et de wagons.

PRIX DES PLACES RÉDUIT A 12 DOLLARS. — *New Express Fast Packet Line, from Philadelphia to Pittsburg*. La seule ligne exclusivement réservée aux voyageurs, *via* Lancaster and Harrisburgh Railroads ud Pennsylvania Canals. Départ tous les jours, à 6 heures du matin. Durée du voyage : trois jours.

Deux années plus tard, dans le même journal on lisait :

RÉDUCTION DES PRIX ! *Leech and Co's packet Line to Pittsburg, via Railroads and Canals.* Durée du voyage : quatre jours et demi.

C'est sur un de ces *Canal-Boats*, que je vis arriver à Pittsburg la première locomotive.

Les premiers chemins de fer étaient fort imparfaits... Ils furent d'abord traînés par des chevaux et des mules, mais les locomotives furent importées de bonne heure et copiées en Amérique.

Un passage dans le *Charleston Patriot*, d'avril 1830, décrit l'essai d'un autre moyen de propulsion :

« Hier, dans l'après-midi, devant un grand nombre de personnes, on attacha une voile à un wagon. Ce wagon chargé de quinze personnes franchit de douze à quinze *miles* à l'heure. Ensuite, trente personnes et trois tonnes de fer furent transportées, à raison de dix *miles* à l'heure. Considérant la façon imparfaite et trop hâtive dont la voile fut placée, ce résultat est des plus satisfaisants. »

Mais la plus curieuse machine de toutes fut inventée par Detmold. Elle était actionnée par un cheval marchant sur une plateforme sans fin, et elle transportait des passagers, à raison de douze *miles*, à l'heure.

Observez comment l'intérieur du continent à été ouvert à la civilisation. Un marchand de Santa-Fé écrivait en 1830 : « Le jour de notre départ d'Indépendance (avec des wagonnets traînés par des mules), nous quittâmes les dernières demeures humaines que nous devions rencontrer sur notre route : des confins du Missouri à ceux de Néw-Mexico nous ne rencontrâmes pas même un campement indien ».

Quand on remplaça les bêtes de somme par des wagons, pour les transports intérieurs, la nature extraordinaire de ce changement, provoqua les lignes suivantes du *Mile's Register*, le 8 mai 1850 :

Une troupe de soixante-dix hommes était récemment à Saint-Louis, se préparant pour une expédition aux Montagnes Rocheuses. Que verrons-nous ensuite ?

Près de trente ans plus tard, une ligne régulière de diligences était établie par la *Pike's Peak Express Company*, entre la rivière du Missouri et les Montagnes Rocheuses. Les transports étaient effectués par wagons-trains et avec des voitures traînées par des bœufs et des mules.

Le service de cette ligne était si parfait qu'une distance de sept cents *miles* était franchise, en six jours et six nuits. Au printemps de 1860, les propriétaires de cette ligne établirent ce qu'on appela le *Pony Express*, qui servait de courrier rapide quotidien entre les cités de l'Atlantique et la côte du Pacifique. Cette entreprise était la merveille de l'esprit inventif américain. Avant cette époque, trois semaines étaient nécessaires, pour transporter le courrier par vapeur, de New-York à San-Francisco. Le *Pony Express* franchissait la distance, entre le railway-terminus, sur le Missouri et le Pacifique, en huit ou neuf jours. On n'engageait que des hommes courageux ; les rencontres avec les Indiens et les voleurs de grands chemins

étaient fréquentes ; les stations de relai
étaient souvent brulées et le materiel pillé.

La distance entière, soit près de deux mille
miles n'était que solitude. Aucun délai n'était
permis. Les chevaux étaient changés à chaque
station, et les cavaliers, tous les cinquante ou
soixante-dix *miles*. Cette rapidité décida le
gouvernement à envoyer son courrier par
terre.

Tels furent les humbles débuts du magnifique système de chemins de fer de l'Amérique.
Quand le succès de la première ligne ne fut plus
douteux, de nouvelles lignés se créèrent rapidement. Sur toutes les parties habitées du
continent, on vit des hommes piochant, nive-
lant, faisant sauter des mines, creusant des
tunels avec une incroyable ardeur, qui ne
s'est jamais ralentie. Les ressources du pays,
grâce à ces grandes routes artificielles, se
développèrent avec une merveilleuse rapidité.

L'idée d'étendre une ligné de chemin de fer
sur toute la longueur du continent finit par
s'imposer à l'opinion publique. Dès 1846, la
possibilité d'une telle entreprise avait été discutée au Congrès, et, en 1849, l'idée prit une
forme tangible, avec la loi présentée par le
sénateur Benton. En 1851, des ingénieurs furent
envoyés, pour faire choix d'une route, mais la

guerre entre le Nord et le Sud provoqua des retards. La guerre terminée, le Congrès vota des subsides en argent et en terres, aux compagnies autorisées à construire la ligne. Le travail commença en 1853, mais lentement. En 1865, il fut mené avec une rapidité sans précédent. On posait deux ou trois *miles* de rails par jour. La ligne fut terminée et ouverte sur toute sa longueur, en 1869. Depuis lors, on a construit trois nouvelles lignes transcontinentales.

Les chemins de fer américains furent construits avec des concessions, pour de courtes distances, mais à mesure que la population augmentait, ils étaient *consolidés* et devenaient de grandes lignes directes, entre des *terminus* éloignés de centaines de *miles*. Avec le temps, ces grandes lignes ont absorbé les petites. Aujourd'hui, il existe plusieurs systèmes desservant des districts étendus. Le *Pennsylvania*, le plus important de tous, en est un exemple. Son réseau comprend cinq mille quatre cent quatre-vingt-onze *miles*.

Les recettes brutes, en 1884, étaient de $ 80.000.000, le tonnage de soixante-trois millions de tonnes, et le prix du frêt, peut-être le plus bas du monde entier, soit d'environ quatre *mills* (moins qu'un demi-penny) par tonne et par *mile*. Cette ligne est solidement établie, ballastée avec de la pierre, et, sous tous les rapports, soutient favorablement la comparaison avec les grandes lignes d'Europe. Je fais exception pour de nombreux passages à niveau avec des pentes qui ne seraient pas tolérées dans un autre pays.

Il en est des chemins de fer, comme des manufactures. La *consolidation*, dans la main de quelques sociétés, semble être la tendance inévitable. Les économies et les améliorations réalisées ainsi sur les cent petites compagnies séparées, avec chacune un personnel distinct, sont si grandes et si manifestes, que rien ne saurait empêcher ces *consolidations*. Le résultat de cette concentration de forces est difficile à prévoir, mais à n'en pas douter, elle est conforme aux lois économiques. Nous pouvons donc continuer sans crainte. Nous sommes sur un terrain sûr. Si les Sociétés atteignent des dimensions gigantesques et tentent d'abuser de leur puissance, en oubliant qu'elles sont les créatures et les servantes de l'Etat, on peut compter sur la Démocratie pour les mettre à la raison. Il n'y a pas de problème qu'un peuple instruit ne puisse et ne veuille résoudre, au mieux des intérêts de tous, le jour où une solution est nécessaire.

Le réseau des chemins de fer américains commencé, il y a cinquante-cinq ans, de façon si humble, atteignait, en 1885, cent vingt-huit mille *miles*. L'Europe n'en possède pas autant. En 1883, son réseau ne comptait que cent quatorze mille trois cents *miles*, et le monde tout entier, deux cent soixante-dix-neuf milles huit cent cinquante *miles*. Le record des dix dernières années montre avec quelle rapidité, le continent se sillonne de lignes. Durant cette période, on n'a pas construit moins de quarante-quatre mille deux cent quatre-vingt *miles*. Peu d'années s'écouleront, peut-être pas dix, avant que l'étendue des lignes d'Amérique ne soit supérieure à celles de toutes les autres lignes du globe.

Dans aucun pays du monde, le voyage n'est aussi confortable et aussi luxueux. Cet avantage, nous le devons principalement à une remarquable invention américaine, le sleeping-car, sans lequel des lignes de chemins de fer à parcours si étendus seraient restées si imparfaites, Des voyages entre les océans, demandant sept jours et autant de nuits, ou même des voyages de Chicago et d'autres villes de l'ouest à New-York, qui demandent de vingt-quatre à vingt-huit heures consécutives, n'auraient pu être entrepris que dans des cas urgents, si le malheureux voyageur avait été obligé de rester assis, comme dans les anciens wagons.

La nature a fait beaucoup pour faciliter les communications, en Amérique. Les mers intérieures qui contiennent un tiers de toute l'eau douce du monde, et ses immenses fleuves n'attendaient que la vapeur, pour devenir de magnifiques routes. Un navire faisant le tour de ces lacs franchit une distance plus grande que celle de New-York à Liverpool.

Les fleuves d'Amérique sont également les plus vastes du monde. Après la Plata et l'Amazone, vient le Mississipi, avec un débit de plus de deux millions de pieds cubiques, par heure. Cette puissante rivière, que les Indiens, dans leur langage pittoresque, appelaient le *Père des Eaux*, égale en volume toutes les rivières d'Europe réunies, à l'exception du Volga. Il est égal à trois Ganges, à vingt-sept Seines, à quatre-vingt Tibres. La longueur du Mississipi est de deux mille deux cent cinquante *miles*, et celle de ses affluents navigables dépasse vingt mille *miles*.

L'Hudson est navigable pour les grands vapeurs, jusqu'à Albany, à cent cinquante *miles* de l'Atlantique. Une douzaine d'autres rivières offrent les mêmes avantages. Beaucoup de ports très connus, sont à une distance considérable de la côte. C'est le cas de Philadelphie, de Baltimore, de New-Orléans, et de Portland, sur la côte du Pacifique. La présence de ports intérieurs, avec des docks étendus, des quais, de grands navires, est une source d'étonnement continuel, pour le voyageur européen. Des navires de trois cent mille tonneaux à quinze cents *miles* de la mer, peuvent bien, en effet, étonner quelqu'un qui n'a jamais vu de navires à voiles que sur la mer. Lorsqu'on se promène sur les quais des villes des lacs, Buffalo, Tolédo, Chicago ou Duluth, on peut se croire sur les bords de la mer.

Les grands cours d'eau naturels sont reliés, les uns aux autres, par des canaux artificiels. Il y avait aux Etats-Unis, en 1880, quatre mille quatre cent soixante huit *miles* de canaux qui avaient coûté $ 265.000.000. Environ deux mille *miles* de canaux ont été abandonnés à cause des facilités plus grandes offertes par les chemins de fer. Beaucoup de canaux qui fonctionnent encore ne font pas leurs frais, et, sans doute, plusieurs d'entre eux seront abandonnés. Le fret, sur les canaux, en 1880, s'élevait à vingt et un millions quarante-quatre mille deux cent quatre-vingt-douze tonnes, donnant un revenu brut de $ 45.000.000.

L'histoire des débuts de la navigation, présente autant de curieux contrastes, et de fait intéressants que les autres parties de l'histoire des progrès de l'Amérique. Au commencement du siècle, on n'avait pas réussi à construire un bateau à vapeur fonctionnant bien. Pendant vingt ou trente ans, des inventeurs, en France, en Ecosse, en Angleterre, en Amérique avaient cherché à appliquer un principe qu'ils savaient parfaitement applicable. Mais ils ignoraient deux ou trois choses essentielles, et ils allaient d'échec en échec, en se rapprochant néanmoins, de plus en plus, du succès. John Fitch et Oliver Evans sont les premiers Américains qui prirent part à cette lutte.

En profitant des expériences de tous, un ingénieur Américain, Robert Fulton, réussit, en 1807, à construire un bateau pratique. Le *Clermont* de Fulton fut le premier navire à vapeur qui rendit des services. Il jaugeait cent soixante tonneaux ; il fut lancé sur l'Hudson en 1707, et, durant une année, il fit le service des voyageurs, entre New-York et Albany. Le premier bateau à vapeur de la vallée du Mississipi fut construit en 1811 et, appelé l'*Orléans*. Il avait une roue à l'arrière, et franchissait la distance de Pittsburg à New-Orléans, soit plus de deux mille *miles*, en quatorze jours. L'année suivante Henry Bell d'Écosse construisait la *Comète* de trente tonneaux, qui allait de Glasgow à Greenock, et en 1813, fit le tour des Iles Anglaises. En 1819, le *Savannah* jaugeant trois cent quatre-vingt tonnes, venant d'Amérique, fit la traversée de l'Atlantique, visita Liverpool, Saint-Pétersbourg, Copenhague et s'en retourna. Dix neuf ans plus tard le *Great Western*, de mille trois cent quarante tonneaux, et le *Sirius*, venant d'Angleterre, firent la traversée de l'Atlantique. Ce fut seulement deux années plus tard que la ligne *Cunard*, aujourd'hui si justement célèbre, fut établie, inaugurant une ère de navigation qui a révolutionné la vie humaine et placé l'ancien et le nouveau monde, à six jours de distance.

L'histoire de la navigation intérieure n'est pas moins intéressante. Les premiers transports par eau furent effectués, au moyen de bateaux à quilles. Ils descendaient assez bien le courant, mais, pour le remonter, ils avaient besoin qu'on les poussât avec des perches. Le bateau à quille était long et étroit, pointu à l'avant et à l'arrière, et d'un poids léger. De quinze à vingt hommes étaient nécessaires pour le pousser. Ces hommes, en nombre égal de chaque côté, se plaçaient sur les planches s'étendant sur toute la longueur du bateau. Chacun d'eux fixant un bout de la longue perche, au fond de l'eau, plaçait l'autre bout à son épaule, et s'appuyant sur elle, de toute sa force, avec sa figure presque sur la planche, il faisait glisser le bateau sous lui. Tandis que ceux d'un côté passaient ainsi en ligne jusqu'à l'arrière, ceux de l'autre côté, faisant demi-tour, allaient reprendre leur place, en avant, en traînant leurs perches sur l'eau. Les bateliers avaient toujours leur fusil sous la main, pour se défendre contre les surprises des Indiens. Leurs voyages duraient souvent plusieurs mois. Ces *Keel-boatmen*, menant une vie à demi-barbare, finissaient par ressembler plus à des sauvages indigènes qu'à des descendants d'Européens. Ils n'avaient guère plus de respect pour la vie humaine que pour celle des animaux qu'ils tuaient sur les rives. Les descriptions de leurs mœurs que nous ont laissées les écrivains de cette époque, dépassent en horreur tout ce qui a jamais été écrit sur la vie des cow-boys ou des mineurs. Ces bateliers se sont effacés devant les navires à vapeur et la civilisation, aussi complètement que les solitudes au milieu desquelles leur vie se passait. Avec d'autres *barbarisms* du bon vieux temps, ils sont tombés dans l'oubli. *Requiescat in pace!*

Voici des lignes consacrées à une des premières lignes de paquebots :

« Le 11 janvier 1794, un service de deux *Keel-boats*, avec des abris à l'épreuve de la balle, et des sabords, pourvus de canons et de petites armes, a été établi entre Cincinnati et Pittsburg. Chaque bateau fait le service, une fois toutes les quatre semaines ».

. . . .

Bien que les *Steam-boats* offrissent de plus grandes facilités et plus de conforts que les *Sloops* ou *Stages*, ils étaient fort mal conduits et souvent dangereux. Le nombre des collisions et des explosions était effrayant. Les *Steam* prirent l'habitude de remorquer des *Safety-boats barges...* En 1834-35, miss Martineau trouva ce genre de voyage, dans l'Ouest, proverbialement dangereux. Elle dit :

« Je fus assez surprise des recommandations qu'on me prodiguait dans tout le Sud, sur la nécessité de faire un bon choix parmi les *Steam-boats* du Mississipi, et aussi de m'entendre gravément demander, quand je mis le pied sur le navire, si je m'étais munie d'une ceinture de sauvetage. Je vis que tous les autres voyageurs s'en étaient munis. Ma surprise cessa quand je rencontrai sur la rivière de nombreux bateaux arrêtés ou abandonnés à la suite d'accidents ».

Depuis cette époque, les règlements sévères qui soumettent tous les bateaux à la surveillance gouvernementale, ont rendu le voyage sur les fleuves aussi sûr que délicieux. Une excursion de Saint-Louis ou Cincinnati, à la Nouvelle-Orléans, sur un des palais flottants qui font la traversée du bas Ohio et du Mississipi, est une des façons les plus agréables de passer ses vacances.

Le trafic de ces rivières de l'Ouest surprendra bien des gens. Prenons, comme exemple, l'Ohio. Une autorité compétente a déclaré que son commerce total, entre Pittsburg, sa tête, et New-Cairo, son embouchure, sur une longueur d'environ mille *miles*, dépassait en 1874, $ 800.000.000, une somme plus considérable que celle des exportations totales de la nation entière. Les transports sur l'Ohio sont les meilleur marché du monde. Le charbon, le coke et autres articles volumineux sont transportés à raison de un vingtième de *cent*, c'est-à-dire un quarantième de *penny*, par tonne et par *mile*. Ce bon marché est rendu possible par les barques qu'on attache ensemble et qu'on remorque à la vapeur. Ces masses flottantes sont transportées par le courant. Le vapeur, à la descente, n'a guère qu'à guider et à remorquer les barques vides. Les statistiques de 1884 montrent que les entrepreneurs de la seule ville de Pittsburg possédaient, pour le service de la rivière, quatre mille trois cent vingt-trois vaisseaux, y compris les barques, jeaugeant un million sept cent mille tonnes. Parmi eux, il y avait cent soixante-trois *Steam boats*. Vingt *miles* de voies navigables sont ouverts à cette flotte de Pittsburg, et beaucoup d'autres mille *miles* de rivières moins importantes s'ouvriront, quand on aura réalisé de faciles améliorations. Le gouvernement s'occupe activement et sans interruption de cette tâche, en même temps que d'améliorer la navigation existante. Même aujourd'hui, un navire peut partir de Pittsburg, à destination d'un port situé à quatre mille trois cents *miles*, ce qui est la distance pour se rendre de New-York à Queenstown et la moitié de la distance pour en revenir, ou la distance de New-York aux ports de la Baltique.

Durant les cinquante années que nous examinons, nous avons remplacé les bateaux incommodes et lents des canaux, comme moyens de voyage, par les express et le petit vapeur avec sa barque de sauvetage, par des palais flottants.

Rien n'est mieux fait pour rendre l'homme reconnaissant des bienfaits dont il jouit, dans ce dernier quart du dix-neuvième siècle, que

l'étude de la façon dont nos ancêtres vivaient.
Nous ne pouvons en avoir qu'une idée approximative. Des *discomforts* qui nous rendraient
la vie impossible ils les remarquaient à
peine, et il est probable qu'ils endurèrent
encore d'autres souffrances que nous ne connaissons pas. Si l'histoire de leurs misérables
vies était écrite de façon complète, le tableau
en serait encore plus effrayant que celui que
nous connaissons. Auguste Comte a gravement
exposé une religion de l'humanité. Il considère
que l'humanité mérite d'être honorée pour
avoir triomphé de la matière et des *discomforts* au milieu desquels vivait l'homme primitif. On a fondé des religions sur des bases qui
ne valaient pas celle-là. Rien n'est plus merveilleux que la façon dont l'homme a subjugué
les forces de la nature, et dont il les a attelées
à son chariot et à son bateau.

Mais soyons modestes. Les hommes de la
génération prochaine, en examinant nos conditions de vie actuelle et les comparant aux
leurs, auront pour nous la pitié que nous
avons pour nos ancêtres. La marche de l'humanité dans tous les siècles à venir, sera *upward
and onward*. L'amélioration des conditions
matérielles réagit sur les conditions mentales.
Un jour on lira avec surprise qu'il fut un

temps où l'état de guerre régnait sur la terre,
entre des divisions d'hommes qu'on appelait
nations, où l'Europe enseignait continuellement à neuf millions d'hommes le moyen de
massacrer leurs frères, et appelait ce vil travail, une profession. L'homme de l'avenir
s'étonnera que l'intempérance ait régné, en ces
jours de barbarie, qu'il y ait eu des pauvres
et des criminels sans nombre, que même en
Angleterre, la minorité ait dominé la majorité,
que le sol ait appartenu et servi à une seule
classe, que un million sterling ait été prélevé
chaque année sur le revenu public par une
seule famille qui le dépensait en ostentation
vulgaire, ou en plaisirs déréglés, une famille
qui était une insulte pour toutes les autres
familles du pays, puisqu'elle avait pour principe leur infériorité. Il lira tous ces récits
comme nous lisons aujourd'hui ceux qui con-
cernent les « *Keel-boat* » cuirassés et les locomotives traînées par des chevaux, et il remer-
ciera le ciel de ne pas être né, avant la venue
de temps civilisés. La civilisation d'une époque
est, pour l'époque suivante, de la barbarie.
Nous serons tous des barbares aux yeux de
nos arrière-arrière-petits-fils.

Toutes nos améliorations ne nous ont pas
encore conduits bien loin sur le chemin du

progrès, mais notre marche continue. Le présent vaut mieux que le passé. C'est la mission de la Démocratie de prendre la tête de cette marche triomphante et d'améliorer, peu à peu, les conditions d'existence des masses.

APPENDICE

POPULATION AMÉRICAINE

Les renseignements suivants extraits du census de 1900 permettront de se rendre compte des progrès faits par la population américaine depuis le *census* de 1880, auquel M. Carnegie a emprunté les chiffres qu'on a lus dans le présent volume.

En 1900, la population des Etats-Unis s'élevait à 76.303.387 habitants, dont 39.059.242 hommes, 37.244.245 femmes.

Ce chiffre comprend : 65.843.302 natifs; et 10.460.085 étrangers.

La population entière se répartit de la façon

suivante : blancs 66.990.802; noirs 8.840.789; Chinois 119.050; Japonais 85.986; Indiens 266.760.

La ville de New-York qui avait, en 1890, 1.515.301 habitants, en avait, en 1900, 3.437.202, soit, en dix ans, une augmentation de 1.921.901.

Chicago avait, en 1890, 1.099.850 habitants, et en 1900, 1.689.575.

Philadelphie compte 1.293.697, Saint-Louis 575.238, Boston 560.892, Baltimore 508 957, etc., etc.

INSTRUCTION

La générosité américaine à l'égard des établissements d'instruction

La générosité des Américains pour leurs écoles est bien faite pour surprendre des Français.

Voici celles de M. Carnegie.

En 1902, il avait distribué $ 70.000.000 pour l'instruction, y compris ses dons aux bibliothèques. Les dons se répartissent ainsi $ 876.500 au Canada ; $ 252.000 à Cuba ; $ 670.000 à l'Angleterre ; $ 65.500 à l'Irlande ; $ 13.078.750

à l'Ecosse, et $ 52.270.173 aux Etats-Unis.

Depuis cette époque, M. Carnegie a fait d'autres dons importants dont je n'ai pas la liste, notamment à des bibliothèques.

M. Rockefeller a aussi fait beaucoup pour l'instruction; il a donné $ 12.000.000 à la seule Université de Chicago. Dans la seule année 1902, il a distribué $ 250.000 à la Cornell University ; $ 200.000 à l'Oberlin University ; $ 150.000 au Newton theological Seminary ; $ 100.000 à la Rochester University, et $ 15.000 à la Bucknell University.

Citons encore le sénateur Leland Stanford, qui fonda l'Université de ce nom, en souvenir de son fils mort à 16 ans. Mrs Leland Stanford donna à cette institution, dont, après la mort de son mari, elle fit l'objet de sa vie, presque toute sa fortune privée. En 1900, elle lui légua près de $ 30.000.000.

Les institutions suivantes : Harvard University, Yale University, Cornell University, The University of Chicago, The Vanderbilt University, sont entièrement dues à la générosité privée, et chaque année, elles reçoivent de nouveaux dons.

Dans la seule année 1901, le total des dons faits à des établissements d'éducation s'élevait à près de $ 400.000. Et cela continue !

28.

CHEMINS DE FER

En 1903, la longueur des lignes de chemins de fer americains atteignait 200.000 *milès*. Ce chiffre est de beaucoup supérieur à celui des lignes européennes.

MARINE

La marine marchande des Etats-Unis se composait, d'après le *census* de 1902, de 13.231 navires à voiles, jaugeant 1 million 933 tonnes, et 7.414 vapeurs jaugeant 2 millions 920 tonnes.

La construction navale se développa rapidement. En 1902, on lança 1.491 navires.

COMMERCE EXTÉRIEUR

Les Etats-Unis occupent la première place parmi les pays exportateurs. En 1901, ils ont exporté pour 1.392 millions de dollars. Leurs importations ont été d'environ 800 millions de dollars.

INDUSTRIE

En 1900, il y en avait en Amérique 512.726 manufactures représentant un capital de $ 9.874.664.087.

En 1890, il y en avait seulement 353.425 représentant un capital de $ 6.525.156.486.

AGRICULTURE

En 1900, l'ensemble des exploitations agricoles aux Etats-Unis représentait près de 350 millions d'hectares.

LES ETATS
ET LES POSSESSIONS TERRITORIALES
DES ETATS-UNIS

Les treize Etats du début, qui signèrent la Déclaration de l'Indépendance sont les suivants : Delaware, Pennsylvania, New-Jersey, Georgia, Connecticut, Massachussetts, Maryland, South-Carolina, New-Hampshire, Virginia, New-York, North-Carolina et Rhode Island.

Voici les noms des Etats qui ont été admis depuis, avec la date de leur admission : Vermont, 1791 ; Kentucky, 1792 ; Tennessee, 1796 ; Ohio, 1803 ; Louisiana, 1812 ; Indiana, 1816 ; Mississipi, 1817 ; Illinois, 1818 ; Alabama, 1819 ; Maine, 1820 ; Missouri, 1821 ; Arkansas, 1836 ; Michigan, 1837 ; Florida, 1845 ; Texas, 1845 ; Iowa, 1846 ; Wisconsin, 1848 ; California, 1850 ; Minnesota, 1858 ; Oregon, 1859 ; Kansas, 1861 ; West-Virginia, 1863 ; Nevada, 1864 ; Nebraska, 1867 ; Colorado, 1876 ; North Dakota, 1889 ; South Dakota, 1889 ; Montana, 1889 ; Washington, 1889 ; Idaho, 1890 ; Wyoming, 1890 et Utah, 1896.

, South Carolina se sépara de l'Union, en 1860, et durant les six premiers mois de 1861, dix autres Etats suivirent son exemple. Voici les dates de leur réadmission : Tennesse, juillet 1866 ; South Carolina, Alabama, Florida, Louisiana et North Carolina, 11 juin 1868 ; Arkansas, 20 juin 1868 ; Virginia, 15 janvier 1870 ; Mississipi, 3 février 1870 ; Texas, 15 mars 1870 et Georgia, 20 avril 1870.

Voici les noms des territoires et les dates de leur organisation : District of Columbia, 1790 ; Indian Territory, 1834 ; New-Mexico, 1850 ; Arizona, 1863 ; Alaska, 1868 ; Oklahoma, 1890, et Hawaii, 1900.

Les possessions insulaires des Etats-Unis sont Porto-Rico, les Philippines, Guam, Tutuila, Wake et d'autres petites îles.

L'IMMIGRATION

Chaque année le « Department of Commerce and Labor » publie un tableau complet et très détaillé de l'immigration étrangère aux Etats-Unis.

Durant l'année fiscale, allant de juin 1903 à juin 1904, il est arrivé en Amérique 840.714 étrangers.

Voici les chiffres les plus élevés :

Italiens (du Sud), 159,329 ; Juifs, 106.236 ; Allemands, 74.790 ; Polonais, 67,757 ; Scandinaves, 61.029 ; Anglais, 44.479 ; Irlandais, 37.076 ; Italiens (du Nord), 36.699.

Ces Juifs viennent principalement de la Russie (77.544) et d'Autriche-Hongrie (20.211).

Ces chiffres sont en diminution de 80.601 sur ceux de l'année précédente.

Voici d'autre part une table des immigrants depuis 1821 :

TABLE DES MATIÈRES

Tableau des Immigrants, depuis 1821

PAYS DE NAISSANCE	1891-1900	1881-1890	1871-1880	1861-1870	1851-1860	1821-1850
Autriche-Hongrie............	592.707	353.719	72.969	7.800	—	—
Canada et Terre-Neuve......	3.064	392.802	383.269	153.871	59.303	57.624
Allemagne	505.152	1.452.970	718.182	787.468	951.667	593.841
Grande-Bretagne..........	202.019	807.357	548.043	606.896	423.974	367.933
Irlande	390.179	655.482	436.871	435.778	914.119	1.038.824
Italie..................	651.899	307.309	55.759	11.728	9.231	4.531
Norvège, Suède et Danemark ..	371.512	656.494	243.016	126.392	24.680	16.966
Russie et Pologne.........	602.010	265.088	52.254	4.536	1.621	1.393
Autres pays	301.022	355.392	301.828	180.355	213.613	374.703
Total...........	3.687.564	5.246.613	2.182.191	2.314.824	2.598.214	2.455.815

AUXERRE-PARIS. — IMPRIMERIE A. LANIER